分析与展望

中国中小微企业生存发展报告

（2014－2015）

任兴磊　谢军占　沈亚桂　主编

中国经济出版社
CHINA ECONOMIC PUBLISHING HOUSE
·北京·

图书在版编目（CIP）数据

分析与展望：中国中小微企业生存发展报告（2014－2015）/
任兴磊，谢军占，沈亚桂主编.
北京：中国经济出版社，2015.1
ISBN 978-7-5136-3646-9

Ⅰ.①分… Ⅱ.①任… ②谢… ③沈… Ⅲ.①中小企业—经济
发展—研究报告—中国—2014－2015 Ⅳ.①F279.243

中国版本图书馆 CIP 数据核字（2014）第 309194 号

责任编辑　余静宜
责任审读　霍宏涛
责任印制　马小宾
封面设计　华子图文

出版发行　中国经济出版社
印 刷 者　北京市媛明印刷厂
经 销 者　各地新华书店
开　　本　710mm×1000mm　1/16
印　　张　10.5
字　　数　132 千字
版　　次　2015 年 1 月第 1 版
印　　次　2015 年 1 月第 1 次
定　　价　48.00 元
广告经营许可证　京西工商广字第 8179 号

中国经济出版社 **网址** www.economyph.com **社址** 北京市西城区百万庄北街 3 号 **邮编** 100037

本版图书如存在印装质量问题，请与本社发行中心联系调换（联系电话：010-68330607）

《分析与展望：中国中小微企业生存发展报告（2014—2015）》编委会

全面深化改革,促进中小企业崛起

王钦敏

全国政协副主席,全国工商联主席

各位代表、同志们、朋友们:

我对中国中小商业企业协会和中华职业教育社联合主办的第九届中国中小企业家年会表示热烈祝贺。这次年会围绕“全面深化改革,促进中小企业崛起”主题进行深入的探讨、对话和交流,切合当前我国经济工作的热点,有助于科学把握我国中小企业发展的方向,更有助于我们牢牢抓住全面深化改革新形势下所带来的发展机遇。我相信,这次年会的召开,对于探讨经济新常态下促进中小企业发展,建立健全扶持中小企业的政策体系,提升中小企业自身素质和科学发展能力,促进经济结构调整和转型升级具有积极的意义!

中小企业是我国实体经济的重要基础,是促进我国经济社会可持续发展的重要力量。国家经济发展要有活力,要有竞争力,不仅需要“顶天立地”的大企业,更需要“铺天盖地”的中小企业。中小企业,一头连着经济繁荣,一头连着就业和社会稳定,在满足市场需求、弘扬创业精神、推动技术进步、促进县域经济发展、增加居民收入等方面发挥着不可替代的作用。因此,必须把促进中小企业发展作为拉动经济增长、保障和改善民生、保持社会稳定的重大战略任务。

当前，国内外环境错综复杂，各种困难和问题交织。中共中央、国务院坚持稳中求进，保持定力，主动作为，统筹推动稳增长、促改革、调结构、惠民生，经济运行总体平稳，主要指标仍处于合理区间。同时，国内经济下行压力依然较大，制约发展的不利因素较多，特别是不少中小企业面临较大生存压力，主要体现在市场需求严重不足，生产要素成本不断升高，融资难、融资贵问题凸显，企业税费负担繁重，招工难、用工难问题比较突出等。对于经济新常态下中小企业发展面临的困难，我们既要看到目前经济增速放缓，是我国正处在增长速度换档期、前期刺激政策消化期和结构调整阵痛期的一种客观反映，与我们主动加大淘汰落后产能和治理污染力度有直接关系；更要看到，我国发展仍处于重要战略机遇期，经济具有巨大韧性、潜力和回旋余地，保持经济持续健康发展有很多有利条件，中央三中全面深化改革的战略部署和336项重大举措的潜能和红利巨大。

我国已进入全面建成小康社会、加快推进现代化建设的关键时期，巨大的国内市场，工业化、信息化、城镇化、农业现代化同步推进，新的改革红利持续释放，结构调整深入推进等，都为中小企业发展提供了广阔空间和有利条件。新一轮科技革命和产业变革，为加快传统产业技术改造、发展新兴产业提供了难得的技术储备。“一路一带”建设以及亚太自贸区建设将有利于推动企业“走出去”开发国际市场和资源。中央四中全会“依法治国”决定和推进国家治理体系和治理能力现代化的180多项重大举措，将为中小企业的健康发展创造更加公平的法制环境。对此，广大中小企业要树立机遇意识，坚定发展信心，为全面建成小康社会和实现中国梦再立新功。

在优化中小企业发展政策环境方面，国务院正开展前所未有的简政放权，出台一系列支持小微企业发展的政策措施，逐步建立支持中小企业发展的税收优惠长效机制，实施普遍性降费，进一步为企业特别是小微企业减负添力；针对融资难、融资贵等问题，正推动金融体制改革，加快融资担保、第三方征信等服务机构发展，健全多层次资本市场体系；加强中小企业公共服务体系建设，支持引导各类服务机构为中小企业特别是小微企业提供政策咨询、创业创新、人才培训、市场开拓等公共服务。

各位代表、朋友们！中国中小商业企业协会作为国家一级行业协会，认真履行自身职责，积极发挥平台作用，为全方位、综合性服务中小企业增加了渠道，扩大了机遇。全国工商联作为政府管理和服务非公有制经济的助手，党和政府联系非公有制经济人士的桥梁纽带，长期关注、促进和支持中小微企业发展，为我国中小微企业发展献计出力。我相信，随着全面深化改革进程的不断深入，随着法治中国建设的不断推进，我国中小企业必将迎来更加美好的明天，实现新一轮更大发展。

谢谢大家！

Contents ▸ 目 录

政策篇

此篇内容根据出席第九届中国中小企业家年会的各领导、嘉宾演讲实录整理而成，内容高屋建瓴，理论结合实际，信息丰富饱满，文章简洁明了，易于学习，便于理解。专家领导对当前我国工业经济发展形势、世界经济和金融发展形势、自贸区的建立给中小企业带来的机遇，以及对农业科技、电子商务等政策的前瞻解读，能使读者更加清晰的认识中小企业的发展环境。

报告篇

此篇内容主要是中国中小商业企业协会2014年对全国中小企业实际调研的成果,结合权威专家学者对2015年经济发展形势的分析而成。内容翔实,全面解读了全球主要经济体的发展形势、深化改革对我国经济发展的深刻影响,以及我国经济发展的现状、当前中小企业所面临的问题,并提出中小企业发展相对应的措施。

案例篇

此篇作为服务和支持中小微企业发展的成功案例,是自中国中小商业企业协会成立以来,在全国树立和推广的服务类机构的典范,案例不仅仅是对服务中小微企业发展工作的一次简单总结,更是希望通过成功案例的剖析与解读、经验与思路的分享,能够形成全国各类服务机构共同关注与支持中小微企业发展的良好氛围,为实现伟大“中国梦”寻找捷径,贡献力量。

政策篇

此篇内容根据出席第九届中国中小企业家年会的各领导、嘉宾演讲实录整理而成，内容高屋建瓴，理论结合实际，信息丰富饱满，文章简洁明了，易于学习，便于理解。专家领导对当前我国工业经济发展形势、世界经济和金融发展形势、自贸区的建立给中小企业带来的机遇，以及对农业科技、电子商务等政策的前瞻解读，能使读者更加清晰的认识中小企业的发展环境。

全面深化改革为中小企业发展提供新动力

顾秀莲
十届全国人大常委会副委员长
中国关心下一代工作委员会主任

非常高兴参加由中国中小商业企业协会和中华职业教育社联合主办的第九届中国中小企业家年会。这次年会的主题是“全面深化改革，促进中小企业崛起”。切合当前我国经济工作的重点，围绕这一主题进行深入的探讨、对话和交流，有助于我们更系统地分析我国中小企业发展的方向，有助于我们更深刻地抓住发展的历史机遇。我相信，这次年会的召开，对于探讨经济新常态下促进中小企业发展，促进转型升级具有重要意义！

随着我国社会主义市场经济的不断发展，小微型企业大量涌现。我国经济要有活力，要有竞争力，要充满活力，不仅需要“顶天立地”的大企业，也需要“铺天盖地”的小企业。截至2013年年底，全国各类企业总数为1527.84万户。其中，小型微型企业1169.87万户，占到企业总数的76.57%，若将4436.29万户个体工商户纳入统计后，小型微型企业所占比重达到94.15%。在安排社会就业、增加居民收入、满足市场需求、弘扬创业精神、推动技术进步、促进区域经济社会发展等方面发挥着重要作用，具有百姓生活离不开、社会就业离不开、经济发展离不开的极端重要性，是我国实体经济的重要基础，也是当前经济社会发展中需要高度重视的重要问题。

党的十八大以来，党中央、国务院对中小企业的发展高度重视，专门出台了很多指导意见。有关部委和相关机构，加大对中小企业的支持力度。总体上看，中小企业的发展环境有所改善，但是也需要清醒地看到，目前中小企业的发展仍然存在诸多矛盾和问题亟待解决，很多制约企业发展的瓶颈需要认真研究，尽快突破。

很高兴地看到，中国中小商业企业协会作为国家一级行业组织，积极发挥自身优势，扩大支持中小企业发展空间，不仅与中国邮政储蓄银行、中国建设银行、包商银行、齐商银行等金融机构建立了紧密地合作关系；而且与冠群驰骋、重庆曙光、阳光保险、百度、全国中小企业股转系统、鼎耀千翔等优秀的中小企业服务机构建立了定期互动；这为全方位、综合性服务中小企业增加了渠道，扩大了机遇。

新一轮全面深化改革特别强调转变政府职能、简政放权和依法治国，将降低政府做决定时的随意性，使得中小企业发展环境具有更多可确定性，调动了积极性。2014 年以来，国务院出台的一系列财税支持政策也对中小企业快速稳健成长起到了巨大的推动作用。希望各级各部门按照中央的决策部署，实实在在的想办法，认认真真的干工作，拿出看得见、用得起、有保证的、实实在在的服务，为支持中小企业发展，为共同实现中国梦，做出更大贡献。

加油中小企业，助力中国梦

姜　明
中国中小商业企业协会会长

在全国上下认真贯彻落实党的十八届四中全会精神的重要时刻，经国务院国资委和商务部的批准，由中国中小商业企业协会和中华职教社联合举办的2014第九届中国企业家年会今天开幕了，在这里请大家允许我做代表向各位嘉宾在百忙之中的光临，表示诚挚的感谢。

今天国家领导人和国务院有关部委领导亲临大会，这些都充分体现了党和国家对中小企业工作的高度重视，对于各位领导的亲切关怀和大力支持，表示诚挚的感谢，对于包商银行、齐商银行、北京银行、阳光保险集团等单位的鼎力支持，表示感谢！

党的十八大报告提出，要牢牢把握发展实体经济，这一坚实的基础，推动战略性新兴产业，先进制造业的健康发展，加快传统产业转型升级，推动服务业特别是现代服务业发展壮大，支持小微企业，特别是科技型小微企业的发展。切实发挥中国中小商业企业协会作为企业之友、会议之家、行业之窗、政府之桥的作用，推动企业深化改革步伐中的创新转型，积极发展实体经济，突出解决融资难题。

本届年会围绕全面深化改革与促进中小企业崛起的主题，以促进实体经济发展为主线，集中探讨中小微企业发展难题，通过两天紧张的交流与讨论，一定会获得突破性的共识，这将是本届年会对未来中小企业发展做出的一个重要的贡献。接下来我们还将聆听到国家领导同志、部委负责人和权威专家做关于经济新常态下促进中小企业发展的年度报告，这也是本届年会献给每位嘉宾的一场智慧与思想的盛宴。

各位来宾，随着《中央关于全面推进依法治国若干重大问题的决定》颁布，依法治国顶层设计的基本轮廓，已逐步明晰。特别是推动法制建设将带来新一轮经济红利，有利于全面推动中国经济转型，也是为中小企业发展铺就了辉煌的大道。我们有理由相信，在党和国家的高度重视下，在各级政府和有关机构的大力支持下，我国中小企业的明天必定更加灿烂！

市场经济中信用缺失的诊治

叶小文
中共中央委员，中央社会主义学院党组书记

中国的发展是全世界都有目共睹的，为什么全世界都关注这个问题？如中国“威胁”论等这个论、那个论，大家看到习大大老虎苍蝇一起打，有为的政府，有效的市场，有益的文化，其实还有一个有用的基因——中国的文化基因，外国人搞不懂。

经济连续增长四十年的国家不多，只有两个特例，一个是当年的英国。英国是靠抢，我们从哪里抢呢？我们也不会抢，我们和平发展。还有一个特例就是新加坡，新加坡就是一个城市，在马六甲海峡旁边，其他就没有先例了。

中国这么大一个经济体，已经连续三十年增长，也有连续增长四十年的可能。我们有两个秘密武器。一个是中国的城镇化，几亿农民进城，什么样的需求，什么样的市场，中国那么大，东方不亮西方亮。还有一个就是我们的中小微企业，无论什么金融危机，只要到中小微企业就全部化解，中小微企业就是中国发展的秘密武器。

一、市场经济中信用缺失的问题

中医诊治的方法叫作望闻问切，按照这种方法诊治现代社会会有什么发现呢？

一切向钱看，信用缺失症在细胞滋生；有钱啥都干，信用缺失症向机体蔓延；权钱做交易，信用缺失症使器官腐败；为钱可逆天，信用缺失症让大家疯狂。钱就是一般货物的等价物。GDP就天天在算钱，挣钱花钱，劳动光荣，刺激消费。但是如果过头了，一切都是为了花钱，一切都是为了挣钱，就不对了。这个道理没有什么深刻的，老百姓用一个简单的数据公式推出了它的荒谬：猪=吃饭+睡觉；男人=吃饭+睡觉+挣钱，男人=猪+挣钱，不挣钱男人等于猪；女人=吃饭+睡觉+花钱，不花钱的女人等于猪。

市场经济会不会影响政治生态呢？现在我们党面对着四大考验：执政考验、市场经济考验、改革开放考验和外部环境考验，党还面临的四大危险：精神懈怠的危险，能力不足的危险，脱离群众的危险和消极腐败的危险。其他危险也是危险，也要注意。能力不足就学习，脱离群众可以整顿四风，民主生活会，深度剖析自己的问题。

毛泽东说过，可能有的一些共产党人，他们不曾被强大的敌人征服过，但是经不起人们用糖衣炮弹的攻击。于是，为钱可逆天，生态型、社会性的灾难很多都是人类自身造就的。就是搞钱，于是贫困、饥荒、疾病、腐败、战争、资源匮乏、环境污染、人口膨胀、恐怖袭击等，都与人类无休止的活动密切相关。

现代化改变着人类，无论东方西方，无论是已“后现代化”还是正在努力实现现代化，都面临一个共同的问题——市场经济条件下的道德调节问题。老百姓说什么都是假的，只有骗子才是真的；什么都靠不住，只有关系才靠得住。为此我们要研究它的病理。现代化使人们的物质生活水平普遍提高，可精神世界却缺少了关照。现代的人们拥挤在高节奏、充满诱惑的现代生活中，人心浮动，没有片刻安宁，欲望在吞噬理想，多边在动摇信念，心灵、精神，信仰都在被物化、被抛弃。

从理论上分析，市场经济之所以叫市场经济，一定有两个起点，每一个经济的个体都追求利润的最大化，每一个真实的个人都追求利益的最大化。什么叫改革开放？就是年产承包责任制，就是农民说我给你种地，自己可以拿一点。这两个起点才是市场经济的动力，但是动力过度了也不行。

市场经济是一个好东西，是人类文明进步的一种历史形式，也有道德的要求。但是道德调节有明显的局限性，市场经济本身并不能分辨善恶，市场可以容纳各种各样、有些对整个社会来说极不道德的交易，比如开设赌场、卖淫等，市场经济的互利原则，是各方无意识的一种结果，是各方利益相互制约的结果，主要靠驱动个体利益运行的市场经济机制，不会自动产生为社会整体利益着想的道德意识。

市场经济对道德是“二律背反”：资本追逐利润，个人追求物质利益，导致拜金主义泛滥，排斥道德；另一方面社会追求公平，整体要求正义，导致市场要求自律，遵守道德。

二、脱贫致富带来的道德困惑如何治理？

受尽屈辱的中华民族有崛起的强烈愿望，中华民族这一百多年来历经磨难，正是因为崛起越来越近，每一步都是惊险一跳。中国在崛起，可是我们能不能走好？中国怎么持续发展？各种问题扑面而来，让人应接不暇，容易顾此失彼。中国要强，又不能霸，只能和平发展，和平发展也有激烈竞争。发展过大，周边国家、国际社会那么大的竞争压力，怎么办？

我们要聚精会神搞建设，一心一意搞发展。不稳定的因素太多了，我国综合实力提升效应倍增，引起国际社会强烈振动，一些国家对我国快速发展的危机感和紧迫感明显增强，中外关系进入矛盾摩擦多发期。西方特别是美国对我们的战略警觉和防范牵制加大，一些邻国对我国戒备心理上升，在涉台、涉疆、涉藏、人权、网络、地区安全、意识形态等领域，在南海、东海等主权争端上，在汇率、贸易、资源、气候等发展问题上，我国遇到的挑战都在增多、压力增大。

中国要想后来者居上，有三大问题：必须要加速赶超，必须有战略定理，必须善于学习。

脱贫致富带来的很多困惑怎么治？有六点：法治、规治、德治、心治、综治、长治。

第一法治。不受制约的权力难免腐败，绝对不受制约的权力有可能绝对腐败。习近平总书记强调，“党领导立法、保证执法、带头守法”。只有这样，才能把权力关进制度的笼子里，使各级官员都经得起市场经济的诱惑和考验。常修为政之德，常思贪欲之害，常怀律己之心，在市场经济的考验中继续成为全心全意为人民服务的道德模范。如此，群众对我们的干部才能“譬如北辰，众星拱之”。依法治国，法制经济，法治政府，依法自觉。主要是要把能够制约资本的权力制约住，关在法制的笼子里。

第二规治。十八大报告提出，深入开展道德领域突出问题专项教育和治理，加强政务诚信、商务诚信、社会诚信和司法公信建设。要让“骗子过街人人喊打，信用不良寸步难行”。再过几年每个企业都有代码，每个人身份证号，一输入就在里面。

第三德治。人是聪明的，就要靠自管自己。康德说过，有两样东西一直让我心醉神迷，那就是头顶的星空和内心的秩序。内心的秩序是什么？就是要倡导爱国、守法、敬业、诚信，要构建传承中华传统美德，符合社会主义精神文明要求，适应社会主义市场经济的道德和行为规范。提倡修身律己、尊老爱幼、勤勉做事、平实做人，推动形成“我为人人，人人为我”的社会氛围。

第四心治。最难治的病是心病。和谐世界，从心开始，最难的就是这个心。经济快速增长引起紧张，高度紧张造成焦虑。现在大家脾气很大，所以要心治。佛教讲“心安则众生安，心平则天下平”。心就是社会心理，佛教就讲救心。企业家怎么样才把自己的内心管住，这是很大的学问。

第五综治。这是关键。市场经济对道德的“二律背反”，需要自律，需要互律，需要他律。我们要加大政府自身的改革，推进政治文明进程；我们要提高法的公正性；我们要进一步完善市场经济体制，要加大对市场的监管力度；我们要提高“合力”的作用。互律也好，他律也好，关键是自律。我们要使有德的人多起来，道德的土壤厚起来，厚德载物，厚德载市场经济。政府要带头，如果司法都不公正，社会就没治了。就像人的免疫系统生病，人就完了。司法就是我们的免疫系统，是最后一道公正线。

第六长治。我们的民族有文化基因的，中国几千年活到现在容易吗？我们是有传统的，一个是君子不是小人，共产党就应该是君子。长治，从传统文化激活我们的基因，变成我们的核心价值观，他就能够长治。中华民族作为一个有着深厚文化传统的伟大民族，在走向现代化、建设社会主义市场经济的过程中有没有办法化解市场经济的道德悖论呢？

病是可以治的，我们有信心，我们叫作社会主义市场经济，社会主义是啥？社会主义为全体人们谋幸福，我们一定搞成法制经济，公平经济。厚德载物，我们是君子治国，是中国特色社会主义特色。厚德载物，厚德载市场经济，将来中国企业家都要走出去，而且还具有很好的道德品质，那么中国的发展就有了基础，中国特色市场经济中信用缺失就可以得到诊治。

对当前世界经济和金融形势的看法

朱光耀
财政部副部长

在国际金融危机发生六年之后，世界经济复苏仍然十分艰难，而且这种复苏不平衡和脆弱性非常突出，根据国际货币基金组织在2014年世界银行年会期间公布的2014年全年世界经济增长预测是3.3%，而世贸组织（WTO）对2014年全年世界贸易的增长点是3.1%，又一次全球贸易增长量低于全球经济的增长量。这反映出当前世界经济发展的不平衡和复苏的脆弱性确实是非常突出。全球经济贸易增长量低于全球经济增长量，说明一些主要的经济体在参与全球经济活动方面力度要低于前一年度。在这种情况下，如何面对全球经济的挑战，促进全球经济增长和就业呢?

2014年11月，对亚太地区和全球而言，有两个极其重要的会议。首先是11月10日至11日在北京举办的APCE峰会。随后是11月15日至16日在澳大利亚的布里斯班市举行的G20峰会。这两个峰会有着一个共同的特点，就是经济增长，促进经济融合以及就业增长。在这个方面我们看到，北京APCE峰会确实对随后举行的G20峰会起到了一个有利的引导作用，推进了G20峰会形成一个促增长、促就业的共识。同时，北京APCE峰会在加强区域内经济体之间的互联互通、发展基础设施方面形成了重要的共识。这些重要的共识对于随后举行的G20峰会起到了引导作用。

北京APCE峰会形成了“反腐败北京APCE宣言”，在G20峰会上也达成了一个关于所有者权益的重要共识，并且写进了 G20 峰会的公报。这个所有者权益是一个最终受益人在资金方面的体现。在过去，主要是用于反洗钱和反避税的目的。但是这一次在技术层面上扩大到了反腐败的信息共享，北京 APCE 峰会和布里斯班 G20 峰会在反腐败方面的政策共识，确实推进了我国反腐在国际合作方面的重要进展。因此，可以说，北京 APCE 峰会和 G20 峰会都取得了重要的成果，完成了它们重要的历史使命，而北京 APCE 峰会的成功对随后举行的 G20 峰会布里斯班的成功起到了直接引领和促进作用。

在北京 APCE 峰会期间，中美达成两个重要的政策协议，首先是关于气候变化的行动纲领，中美各自宣布了应对气候变化挑战的行动纲领。中国将努力在 2030 年左右实现二氧化碳排放的峰值，并且努力早日达峰，同时，中国也表示要在 2030 年一次性能源消费中非化石能源的比例要占 20% 左右，这是一个非常重要的政策承诺。习主席反复强调，应对气候变化是我们自己要做的事情，我们要努力改善环境，要让“APCE 蓝”能够持续，我们要通过努力，真正地让我们的天更蓝，水更清，山更绿。把总书记反复强调的“我们不仅要金山银山，更要绿色青山”贯彻到实际行动中，正像总书记说的绿水青山就是金山银山，这是一种辩证逻辑的关系。

第二项重要的协议是中美在 WTO 信息产品扩围谈判中达成了共识。如果在中美两国达成协议之后，近期 WTO 就信息产品扩围协定形成一个普遍共识，就可以说这是 WTO 成立 19 年来第一份具有实质意义的关税减让方案。在全球经济特别是贸易增长相对低迷的情况下，这为发挥多边贸易机构起到了一个极为重要的推进作用。

大家可以看到，在 APCE 峰会期间，这两项重要的协议对随后举办的不管是 WTO 的磋商，还是将于 2015 年在巴黎举行的全球应对气候变化挑战大会都是极为有利的推动。在这个方面发挥了中国作为一个负责任大国的作用，对这种成功政策的形成起到了有利的引领作用。

在目前的形势下，我们如何分析当前世界经济面临的主要挑战，我们可以重新学习习近平总书记在2013年全国经济工作会议上做重要讲话时明确地对2014年全球经济面临的四个值得特别关注问题的指示和要求：第一个要高度关注美国货币政策走向，以及相关发达国家的货币政策走向；第二要高度关注世界贸易格局的变化；第三要高度关注世界资金资本市场资金的流向变化；第四要高度关注初级产品市场原材料特别是石油价格的变化情况。

首先我们看第一个问题——美国的货币政策。从2014年10月底开始，美联储全部推出了每月购买800亿美元政府债权和企业抵押债权的宽松贷款政策。从雷曼兄弟破产以后，为了应对危机的特殊挑战，稳定美国的金融体系，恢复美国的经济稳定增长。量化宽松的货币政策或者说货币政策方面付出的代价是多少？3.3万亿美元。现在的关键就是美国联邦储备银行什么时候启动它的利率正常化进程，美联储什么时候开始改变它的0到0.25超级利率状况，开始逐步地提升利率，美联储主席为了安抚市场，反复表明，即使美联储开始提升利率，开始这个进程也是一个缓和的进程，首次提息0.25%。美联储过去所有货币政策的走势一旦启动利率正常化进程，它的提息次数绝不仅仅是一次，而是连续的过程。什么时候？市场没有定律，有的说年中，有的说可能还要滞后一些。但是我们也要警惕随着美国经济的逐步复苏，以及随着美国外部环境的变化，美联储也有可能提前到2015年年初就开始启动这个进程。

我们一定要密切关注美联储的货币政策，因为美联储的货币政策对全国经济有着重大的外力性影响。与美联储的货币政策形成鲜明对照的是日本的货币政策，欧央行的货币政策目前都是极度的宽松状态。日本安倍政权就是极度宽松的货币政策，加上宽松的财政政策及结构性改革，构成所谓安倍经济学的三把剑。目前看，安倍经济学面临严峻的挑战，安倍已经不得不宣布消费税的第二阶段提税，从5%提到8%，现在是8%提到10%的第二步要延长18个月实施。因为日本经济已经进入了衰退，第三季度日本经济增长的比率是-1.6%，连续两个季度的负增长，日本经济已经陷入衰退。在这种情况下，安倍政府不得不推迟消费税第二阶段的提税，同时宣布国会解散，让日本国民通过选举来对安倍经济学表态。但这是政治方面的一个推迟，无论如何，安倍经济学已经陷入了严重的困境。

在欧洲方面，欧央行行长已经明确表态，欧元区面临着通货紧缩的风险。这在 2014 年 8 月之前欧央行本是不承认的，现在承认欧元区面临着严峻的通货紧缩的风险。目前初值是 0.3 的通胀率，高了不好，太低陷入了紧缩的边缘也非常危险，特别是欧元区现在还在面临着债务杠杆率仍然很高的情况下，过低的通胀率如果严重了，使通货紧缩的话，债务负担会更重，所以欧元区现在面临着严峻的挑战。首先体现在经济增长率过低。欧盟预测 2014 年整个欧元区的经济增长率只有 0.8%，而作为它的主要动力的德国经济增长率只有1.4%，而且 1.4% 还要看最后能不能完成，法国的经济增长率只有 0.4%。所以，欧元区现在确实是面临着严重的经济困难，加上乌克兰的地缘政治风险，使得欧元区的经济 2014 年、2015 年都面临着严重的压力。是否能够从这种严峻的局面走出来，取决于欧元区的结构改革，目前来看是非常困难的。所以，欧元区的经济形势对全球经济形势形成了重大挑战。在这种情况下，欧央行和日本央行都是大量放水，大量印刷钞票，同美国的货币政策形成了一个鲜明的对照。这样在汇率方面大家看到现在 1 美元兑日元的汇率已经到了 118 日元，这是很大幅度的贬值。然后欧元兑美元的比重是 1.24 的水平。可能在 2015 年日元就要跌到 1 美元兑140 ~ 150 日元，欧元到 2014 年后年又回到 1∶1 美元，对于这个比重的变化，我们的企业家一定要密切关注。

我们的立场很明确，G20 峰会明确货币政策只能针对国内的经济状况，不能用于货币的竞争性贬值。我们认为，G20 峰会的共识应该得到认真执行。这是货币政策方面。

第二，贸易格局方面，确实一个非常大的挑战。贸易的增长量低于全球经济增长量，这说明在各经济体，特别是主要经济体之间贸易量增速很慢，或者说是在减少。大家都回到自己国内来发展经济，促进消费。有好的一面，结构改革。但是从整个世界经济在全球化的情况下，怎么样面对这个挑战，我们确实要破解这个难题。

刚才也报告了WTO信息产品扩围谈判，还有最近日本就粮食安全达成了一个协议，就直接促成了2013年巴黎举行的世界经贸组织第九届部长级会议上，形成的一个共识，就是“巴黎一揽子协议”。实际上，这是WTO多哈回合的早期收购协议，这个协议终于落实了。与WTO信息产品协议一样，是一个非常重要的进展，或者可以说是多哈回合的“早期收获”。我们期望在这个基础上全球贸易合作能够向前推进，全球经济一体化的进程能够向前推进。

第三个问题，是关于资本市场上资金的流动格局，这和第一个问题货币政策是密切相连的。美国联邦储货币政策的调整，一个直接的后果就是美元走强。美元和日元1∶118这个水平，说明日元贬值在30%。美元走强必然会造成国际资本大量向美国国内回流，加上美国“页岩气革命”带动了重工业和以化工为核心的加工制造业向美国回流，使得美国经济复苏更具吸引力。资本回流在2014年的最后阶段，甚至到2015年将会持续。我们对资本市场的动向，特别是资金回流美国，要密切关注。

我认为，首先是一些国家现在已经受到了严重的影响，日本、欧洲前面报告了，俄罗斯方面也是资金大量的流出，有一个制裁和反制裁的作用。总的来看，一些新兴市场国家也是在向美国回流，这个对世界经济的影响，我们要密切的关注。

最后一个问题，大宗商品的价格问题，特别是石油价格的问题。我想大家都注意到了，2014年下半年以来，石油价格急剧下跌。现在布兰特石油到了70美元，这在能源供求方面和能源价格方面发生了重大变化。所以，现在这个问题成了国际金融界研究的焦点问题。首先怎么来判断石油价格突然地大幅度下跌？大家知道，一个是阴谋论，主要是针对俄罗斯的，美国要千方百计的压低石油价格，让俄罗斯在制裁中更加困难。起到作用了吗？有。俄罗斯财长公开表明，制裁对俄罗斯经济已经造成了 400 亿美元的损失，而因石油价格的损失是 1000 亿美元。真正的在供求关系方面发生了变化，还是在新的“页岩气革命”增加了能源供应。第二个基本的支撑点就是以沙特为代表的，不能让美国由于页岩气的革命，来占领世界石油市场的份额，所以美国为了保持这个份额，宁可低价格。不管怎样，现在石油市场的低价格是形成了趋势，石油市场内部的分析家们说过，如果石油价格高过 120 美元/桶，多高都不算高？如果低于 80 美元/桶，多低都不算低。

我们对于石油价格的变化也要密切关注，这与中国是直接相关的，毕竟我们的石油进口超过 50%。这么大的变化，对我们形成 2015 年的发展战略是至关重要的。所以，总书记在 2013 年经济工作会议上就明确地点出了这四个方面的问题，2014 年得到了印证，2015 年继续观察，有针对性的制订我们的政策。

适应新变化，创新增活力，诚信谋发展

李毅中
全国政协常委、经济委员会副主任，中国工业经济
联合会会长，工业和信息化部原部长

当前国际国内的经济都在深度调整改革之中，企业如何适应、顺应国际国内大形势、大格局下的新情况、新问题，也应当思索自身的理念和行为应该有哪些变化和创新。我先做个发言，与大家交流。

一、国内经济由高速发展进入了中高速发展历史阶段，企业要把握变化了的“新常态”

当前，我国经济正处在发展速度的换挡期，调整改革的阵痛期和前期刺激政策的消化期，“三期”叠加增加了经济运行的复杂性。长期积淀形成的深层次问题和结构性矛盾凸显出来，制约着经济的健康发展，已到了非解决不可的程度。科技创新能力不足、资源环境严重过载、部分行业产能严重过剩、发展的质量效益不高，以及实体经济脱实向虚、地方负债过重、银行潜在风险、社会分配不公等问题，都要求全面深化改革，为此不惜经受改革调整的阵痛，甚至付出伤筋动骨的代价。

综合分析，国民经济的潜在增幅已经回落，有必要加强和改善宏观调控，把发展的速度适当降下来，以减轻对资源环境的压力，以便有更多精力推进改革和调整。近两年来宏观调控见到了成效，对此我们应有冷静的分析思考。经济运行出现的新情况、新问题和深层问题、结构矛盾交织，虽然增加了困难和压力，但把握住发展速度的上、下限，符合

市场经济规律和趋势，当前经济运行的指标仍在合理区间内，是新形势下的“新常态”。企业要以积极的态度寻求生存发展，创新应成为动力的源泉。

从当前工业经济运行的状况分析，可以说明以上判断。

一是工业增速与前几年比，明显放缓、缓中趋稳、稳中提质，行业地区差异明显增大。2014 年 1 －10 月，规模以上工业增加值增长 8.4%，其中，7 月为9%、8 月为6.9%、9 月为8%、10 月为7.7%。而从 2008 年到 2013 年，工业增幅分别是 12.9%、11%、15.7%、13.9%、10%和9.7%，增速已明显放缓。汇丰银行发布11 月 PMI 为 50.0，比 10 月份下降了 0.4。分行业看，增速较快的行业集中在装备制造、电子制造等行业。原材料增幅回落，能源工业估计只有 4%。分地区看，各省区市增速差异较大。一些能源资源和原材料产业相对集中的地区增速大幅度放缓。同时，节能减排、淘汰落后、化解过剩、质量品牌、三网融合等转型升级的措施见到成效。1 ~3 季度规模以上单位工业增加值能耗下降6.69%，高于单位 GDP 能耗4.6%的下降幅度。互联网、物联网的应用逐步扩大，高技术制造业增加值增长 12.3%。

二是固定资产投资增幅继续回落，结构调整正在深入。长期以来，我国依靠投资拉动经济取得了巨大成绩，在经济总量迅速扩大的同时，也出现了投资规模过大、增幅过快、效率下降以致产能严重过剩、负债过重的状况。近几年，国家已采取了一系列调控措施，见到一定成效。2013 年全社会固定资产投资高达43.65万亿元，同比增长 19.3%，已比“十一五”时期的平均增幅下降了 6 个百分点。2014 年 1 －10 月全国固定资产投资增长 15.9%，其中工业投资增长 13.1%，房地产开发投资增长 12.4%，分别比上半年又回落 1 ~2 个百分点。钢铁、有色冶炼、水泥、平板玻璃等产能严重过剩行业投资继续下降。这是改善宏观调控走出的一步，调整是必需的、合理的，也可能引来影响经济增长的担忧，对此应用“两分法”来分析判断。有效投资是拉动经济的关键，保持一定的增幅是必要的，但如果忽视了结构调整和提高效率，违背了“常态”，恐事与愿违，造成更严重的后果。

三是企业生产经营困难，成本费用上升，盈利状况分化，企业状况有起有落、有喜有忧应当是市场经济的“常态”。市场需求不足，2014年1－10月全社会消费品零售总额增长12%，但其中食品、服装、鞋帽、家电、日用品等增幅都在10%左右。生产者产品出厂价格指数（PPI）已连续32个月负增长。2014年1－10月份进出口（折以美元计价）累计增长3.8%，其中出口增长5.8%，但不稳定。2014年1－10月，规模以上工业企业期末应收账款增幅11.1%、企业成品库存增幅约14.4%，财务费用增加约14%，均高于同期企业主营业务收入7.7%的增幅。企业反映，银行抽贷、压贷、停贷现象增加。企业成本费用上升，2014年1～3季度规模以上企业百元主营收入中成本高达86.02元，比上半年又上升了0.12元，企业“五险一金”总量占到工资总额近一半。企业利润提高，但行业差异较大。2014年1－10月规模以上工业企业实现利润累计增长6.7%（其中10月份下降2.1%），利润率5.57%，与上年持平。其中市场状况比较好的行业，如汽车、纺织、医药、电器机械器材、电子制造利润增长较多；原材料行业利润增长有限，同比回落；石油、天然气、石油加工等利润下降，特别是煤炭行业降幅达45.2%。

针对当前经济运行情况，国务院近期出台了一系列政策措施。如进一步减免小微企业所得税、增值税、营业税，银行定向降准、定向减息，支持企业研发投入，支持新能源汽车、支持集成电路发展，缓解企业融资成本高，实施企业收费清单以减轻企业负担，以及鼓励售房放宽信贷等，日前降低银行存贷基准利率，有的已经见效，有的正在落实。在落实中肯定会有困难和阻力，要以积极态度去化解，提出改进办法，扩大政策效果。

二、全球经济深度调整变革，给我国经济带来双重压力和新的发展机遇，发展要有新思路

2008 年金融危机后，世界经济在缓慢艰难复苏，仍然存在着深层问题和新的变数，但各国都在谋求深度变革和调整。

第一，美国“再工业化”、“重振制造业”、“本土回归”的战略实施见到了成效。美国吸取了由于次贷危机引发国际金融危机的教训，通过对“去工业化”和过度依赖“虚拟经济”的反思，提出上述新战略，相继推出一系列做实“实体经济”的改革举措。主要内容包括：一是2009 年提出重振制造业是美国经济长远发展的重要战略，相继出台《制造业促进法案》、企业税改革方案；二是加大对先进制造业的投入，以高端设备制造、清洁能源、新材料、生物技术为重点，鼓励企业创新；三是大力促进出口，提出从 2010 年开始 5 年内出口翻番；四是加大基础设施投资，如高铁、道路桥梁、智能电网、航空系统、城市基础设施等；五是加大对企业的扶植，解决中小企业融资贷款困难。此外，还加大对高校理工科、社区大学的投入，鼓励通过企校合作来提高劳动者的素质和技能。

美国的上述战略措施已见到了效果。制造业在美国 GDP 中的比重2013 年达到 13. 9%，比 2009 年上升 2 个百分点。2012 年、2013 年制造业对 GDP 增幅的贡献率分别提高到 27. 5% 和 44%，2013 年甚至高于同期服务业的贡献率，制造业出口额比 2009 增加了 49%。近几年约有14% 的美国公司将生产工厂迁回本土，创造了新的就业岗位，失业率已降到 6. 1%。美国 2014 年 GDP 的增速预期 2. 1%，更具长远意义的是一批高端和新兴产业发展迅速，将继续占领全球制造业的制高点。

第二，德国提出“工业 4. 0”战略，是第三次工业革命的具体化。德国于 2013 年将其纳入了《高技术战略 2020》，旨在通过物联网等新技术提升制造业水平，确保德国制造的未来，引领世界制造业新潮流。

越过了蒸汽机机械化、电动机电气化、信息技术自动化这三个阶段，制造业将基于新一代信息技术实现智能化、数字化、网络化、柔性化的制造与服务模式，进入工业4.0阶段。

“工业4.0”战略的实质是用物联网、服务互联网将制造业的物理设备以及传感器、终端系统、智能控制系统、通信设施组合起来，使制造业的物理设备具有计算、设计、通信、精准控制、远程协调和自治自动的功能；以实现实时连通、相互识别、有效交流。这个大系统实现了人与人、人与机器、机器与机器、制造与服务之间互联，从而构建一个高度灵活的数字化和个性化的智能制造模式。智能制造有用户的全流程参与，产生了个人定制、“众包设计”等新方式新理念，满足了不同消费者的需求，从而在“少品种、大批量、规模化”生产方式的同时衍生了“多品种、小批量、柔性化”的生产方式。尽管德国拥有世界一流的装备和技术，专家认为，软件与互联网技术是德国工业的相对弱项，原始创新不足也是德国的缺憾。但为了保持其竞争优势，扬长补短，继续占领全球制造业的制高点，德国在实现第三次工业革命中先声夺人，其远见卓识应值得我们借鉴。

第三，新兴经济体和资源生产国也在深刻改变发展方式，调整初级产业结构。发展中国家大都具有劳动力和市场的优势，不少国家还有丰富的资源，以金砖国家为代表的新兴经济体正在向发达国家迈进。资源富足国家已积累了雄厚的资本，他们不再甘心以出售资源发展经济的粗放模式，而是注重深度加工、延伸产业链，迅速建立起自己的工业体系，经济实力和竞争力得以增强。随着国际能源、矿产资源需求的不断增长，资源出口国不断联手推高初级产品价格，增加了进口国的生产成本。发展中国家在引进国际产品、技术、资金、劳务的同时，也会有不同形式的自我保护，给我国企业“走出去”形成压力。

总之，世界经济在发展，人类社会在进步。大家都在选择适合自己的发展道路，在国际市场上有合作交流，更有竞争竞赛。我们要借鉴他国的经验教训，对新情况、新问题要有新思路，坚定走中国特色新型工业化道路，在激烈的市场竞争中立于不败之地。

三、适应新形势、新情况、新常态，企业应坚持创新、寻求创新、勇于创新

第一，适应第三次工业革命和国际双重压力和挑战，企业家应尽快转变观念，增强创新动力。如上分析，美国吸取了金融危机的教训，重新重视实体经济，推行再工业化，对我们既有挑战，也有深刻的启迪。和美国相比，美国具有基础研究实力、尖端科技的创新能力、得天独厚的富有资源、国际市场的控制力等优势，我们在这些方面存在很大的不足。但我国巨大的国内市场潜力，工业化、城镇化的巨大需求和发展余地，雄厚的资金积累及外汇储备等也是其他国家甚至是美国不具备的。我们应从国情出发，借鉴美国经验，扬长避短，走好自己的路。对照德国“工业 4.0”的愿景，我国正处在 2020 年基本实现工业化的攻坚时期，工业、制造业总体上仍处在全球产业链的中低端。我们有世界最先进的行业和领域，也有相当落后的甚至是完全依靠人工作业的小矿山、小作坊。因此，我们要积极发展战略性新兴产业，也要加大对传统产业的改造升级；在大力发展高科技产业、先进制造业的同时，也要下功夫淘汰落后、化解过剩产能；在精心谋划“工业 4.0”的同时，也要着力打造“工业 3.0”，甚至不得不去补“工业 2.0”的欠账，这是我们的国情。在发展的长途竞争中，我们前有标兵后有追兵，更要增强忧患意识、竞争意识、创新意识和改革意识。

第二，创新投资理念，控制固定资产投资合理增长，大力调整投资结构，规范企业投资行为。

企业要加大技术改造力度，内涵为主发展。经验证明，技术改造是内涵发展的战略措施，投入产出比可达 3∶1（产出包括利、税、折旧、工资和利息）。2014 年 1－3 季度全国技改投资占工业投资的 39.6%，发达国家在 20 世纪五六十年代工业化前后占 50% ~69%，应进一步加

大投资力度。企业应集中自有资金，在国家和地方财政支持下，吸引社会资金和银行贷款，投资以品种质量、节能降耗、环境保护、安全生产、装备改善、提升信息化水平、提高劳动生产率为内容的技术改造，由外延为主转向内涵为主，提升企业市场竞争力。

企业是市场投资主体，要改进和规范投资行为。除关系国计民生和国家安全的特殊行业、涉及国民经济全局的重大项目要由国家审批核准或备案外，应尽可能下放到地方、部门，最终由企业自己决策。企业首先是通过多渠道准确、及时了解市场供需，避免信息失真误导；无论何种企业都要建立科学民主的投资决策程序，权责一致、盈亏自负、风险自担。项目投资要从市场需求、原料产品、物流运输、资源环境、技术路线、投资回报、筹融资渠道、投资风险、社会人文环境等多方面深化可行性研判，防止和避免盲目投资，以提高投资回报。要依法保护投资人利益，吸引更多非公资本投入实体经济。要放开垄断行业中的竞争性业务，制定具体办法对垄断业务“特许经营”，使民间资本有序进入。社会资本要选准投资方向，更多投入实体经济，以求长期稳定发展和良好回报。

第三，重树和再造“降本增效”的观念，发展自动化、智能化、信息化，大力提高劳动生产率。近几年企业成本费用节节攀升，挤压了盈利空间。不少观点认为我国工业低成本优势已经丧失，这里有客观的正确反映，也有认识上的偏颇。数据显示，中国制造业成本已上升到美国的九成，确实形势严峻。美国“本土回归”降低了物流成本，页岩气的开发利用降低了能源成本，加上先进的节能降耗技术，使其制造业成本不升反降。事实证明“降本增效”潜力巨大，我国企业应重树和再造建立在技术创新、管理创新、商业模式创新上的“低成本战略”。

就人工成本而言，解决的办法是通过生产过程的自动化、智能化、信息化，用装备和技术代替人工，如浙江省提出的“机器换人、人控机器”，从而大大提高工效，从而提高劳动生产率。不能再依靠廉价劳动力、简陋的劳动环境、繁重的体力劳动来换取企业利润。价值规律的倒逼机制要促使企业加大技术进步投入，换得生产稳定、质量升级、效率提高，并可较快回收投资。既获得盈利增加，又改善了劳动环境，维护了劳动者权益，得到员工的拥护。富余劳动力的产生带来了竞争，岗位技术含量的提升对员工提出新的要求，增加了提升劳动者素质的动力。通过转岗培训为企业开发新的业务提供了人力资源。

四、坚持守法诚信、质量诚信、商业信用、绿色发展是企业履行社会责任的重中之重

党的十八届四中全会再次重申，“加强社会诚信建设，健全公民和组织守法信用记录，完善守法诚信褒奖机制和违法失信行为惩戒机制”。国务院发布了《社会信用体系建设规划纲要（2014－2020)》，明确到2020年，基本建立社会信用基础性法律法规和标准体系，基本建成以信用信息资源共享为基础的覆盖全社会的征信系统，守信激励和失信惩戒机制全面发挥作用。依法经营、诚实守信是市场经济的必然要求，也是企业和企业家的道德底线。人与人的交往，人与社会的交往，都要讲诚信。市场经济是法制经济，要依法治理；市场经济也是信用经济，也要以德治理。守法诚信应成为企业文化共同的思想基础和核心内容，并落实到企业行为和企业治理之中。

一是质量诚信是企业诚信经营的集中表现。近年来，频频曝光的质量安全等问题，引发社会对企业产品质量和安全方面的担忧。一些行业质量违法违规“潜规则”问题突出，一些企业用降低标准、牺牲质量的办法降低成本；侵害知识产权、专利权，假冒高端品牌现象屡禁不止；利用互联网平台制售假冒伪劣商品问题日益显现。这些现象不仅坑害消费者，更会断送企业，甚至全行业的信誉和前途。

应以质量诚信为突破口，落实“质量强国”战略，推进企业诚信建设。企业要遵守社会公德和商业道德，保护知识产权，杜绝制假售假。要落实质量责任，对顾客和消费者负责，加强全过程的质量管控，

主动履行缺陷产品召回义务，维护社会稳定和谐。谁赢得了消费者，谁就会赢得市场的美誉度和占有率。特别是食品、药品、日用消费品和农业生产资料等行业，更要坚守质量诚信底线，为人民的生命健康负责。

二是企业恪守商业信用，是建立良好营商环境的前提和保障。商业信用缺失会严重影响经济活动的高效、顺畅开展。如商业信用观念薄弱，随意违约；会计数据失真，偷漏骗税、逃废债务；信息造假，上市圈钱及股市欺诈；商业贿赂突出，严重扰乱社会主义市场经济秩序等。针对存在的问题，企业要把商业信用落实到各项营商活动中去，强化规则意识，倡导契约精神。要加强自律，信守承诺，依法依规经营；要履行对投资者和用户的责任，在贷款、发债、担保等债权债务信用交易及生产经营活动中诚信履约；要开展信用体系建设，建立科学的企业信用管理流程，防范信用风险，增强企业信息透明度。

三是企业应履行减排治污、保护生态的社会责任。节约资源能源就是降低成本增加利润，企业普遍重视。但环保治理要付出成本，仍有不少企业对减排治污、保护生态不够重视，往往处于被动的、不自觉的状态。从曝光的案例看，大型企业存在不少问题，某种程度上小企业问题更加严重。一些企业私挖滥采、过度开发、破坏生态；一些企业超量超标排污，白天不排夜间排，有人检查不排、没人检查排，不仅往河里排，还往地下排。这已不是技术层面的问题，而是诚信道德、遵纪守法的问题。十八届四中全会《决定》强调，“要用严格的法律制度保护生态环境”，“强化生产者环境保护的法律责任，大幅度提高违法成本”。企业要自觉遵守资源资产产权制度和用途管理制度，遵守相关法律法规、政策和标准；严格企业内部管理，提升员工环境意识，履行好生态文明建设的责任。当前，尤其要顺应治理雾霾、保护环境的倒逼机制，针对问题加大投入，补缺还账，减少排放并达到国家标准。

上海自贸区为我们带来了什么

周汉民

民建中央副主席，上海市政协副主席

今天的论坛十分切题，一个是时间切合，一个是主题切合。如果说时间切合，就是在2014年冬天来临之际，我们对春天的到来感到充满生机，代表中国企业99%的中小微企业能够以年会的形式发出深化体制改革，促进中小企业崛起的呼声，我认为是十分切合。主题和时间的切合，又表现在我们是在国际国内经济形势发生深刻变化之际来讨论中国企业、中国社会、中国经济的发展之道。

一、中国上海自贸区带给我们什么？又将引领我们什么？

2013年十八届三中全会全面深化改革涉及六十多个方面，最核心的一项就是中国上海自由贸易实验区正式运行，到昨天已运行14个月。全世界有1200多个自由贸易区，其中，发达国家有400多个，发展中国家也有800多个。上海自贸区总面积28.78平方公里，分在四个区域，可能是世界最微型的自贸区。

14个月来，何以总结？对于中央财政没有一项优惠政策投入的上海自贸区的成绩，我认为就是一句话，体制、机制、法治的创新，是上海自贸区实行新政的开端。

二、上海自贸区三大创新形成“四个二”

1. 第一个“二”，就是法治创新的两步曲

上海自贸区一定要实行新政，没有新政就没有必要适应。什么是上海自贸区的新政？可圈可点，第一项我们称之为准入前国民待遇，即具体实施企业的设立，政府行政不再审批而是备案制。第二项是负面清单管理的外商投资特别管理措施。三部法明确规定外资投入时政府要实施审批，按照国家的投资目录，何以解决这一法律冲突问题？坦率地说，中国三十多年的改革做法，只要举起改革的大旗可以义无反顾地往前，这样的改革与现行的法制有冲突，上海自贸区第一步要做的是先把冲突解决。因而2013年8月30日全国人大常委会会议做出了一项决定，刚才提到的三部立法在上海自贸区暂停适用三年。这在中国是罕见的。三部基本法律暂停实施三年，为的是让上海自贸区可以启动改革。改革已经走在路上，但是方向如何？保护需要吗？建设中国特色社会主义法治体系、建设中国特色社会主义法治国家，法制体系和法治国家，就希望在这个国家所有行为，无论是社会的还是经济的，都应当有法可依。经过半年多的努力，“上海自贸区条例”正式颁发。如果对上海自贸区有兴趣，首先要研读的是九章57条构成的“上海自贸区实验区条例”。这部条例有很多亮点，最核心的亮点是四部分，即将自主改革入法，将负面清单入法，将权利清单和正面清单入法，将政府事先监管转变为事中事后监管入法了。这是第一个“二”——暂停实施三部国家立法，创新上海自贸区条例。

2. 第二个“二”，最关键的负面清单“二版”

大家知道负面清单不是新鲜事，负面清单在中国之前全球已经有76个国家实施，但是中华人民共和国首次实施是从2013年9月29上海自贸区开始。我们第一份负面清单制订于一年前的今天，2013年的这个时刻出炉，它有190条，与中国国民经济小分类相比，为17.8%。但

是世界的评论是这份负面清单仍然过长，因为还没有体现我们改革的初衷，然而负面清单到目前为止得到海内外的称道完全由于国家治理体系和能力方面的创新。国家不告诉你可以做什么，国家告诉你不能做什么。由此处理，在190项负面清单外的一切皆可行，法无禁止皆可为纳入了我们法律的体系，这份负面清单经过了八个月，2014年8月新版的负面清单产生。这份新的负面清单内容从190项减到139项，减负26.8%。开放度进一步提升，提升了17.4%，透明度进一步增强，与国际规则的融合进一步显现。2015年向我们招手，如果还能像上一版的改革势头，负面清单具备一定的世界先进性，我们是可以期待的。

3. 第三个“二”，两次国务院通过决定，将行政审批权力予以取消

什么叫作市场经济就是法制经济？什么叫作深化改革？体现在政府对行政事务的现代化理念创新，主要体现就是行政审批制度的改革。国务院2013年的第一份文件是12月21日，在上海自贸区正式运行三个多月提出了将上海自贸区32项行政审批制度一并予以取消的决定。2014年9月4日国务院通过第二份决定，修改相关六部国务院行政法规在上海自贸区的实施，取消行政审批制度27项。“32+27”，就是这14个月，国务院与上海自贸区实验区取消行政审批制度59项，这样的力度、规模、范围和决心前所未有。这是我讲的第三个“二”，就是国务院两次取消行政审批制度共计59项。

4. 第四个“二”，人们要问一个很核心的问题，我到上海自贸区投资，什么领域是你们更加开放而且需要我们来投资的呢？

就是第一份扩大开放举措公布于2013年上海自贸区起航的那一天9月29日，我们开放六大领域，18个方面，23项。六大领域之首就是金融领域，中国经济改革对外开放的核心之核心就是金融领域的改革和扩大开放。金融领域改革和开放，以本人的认知就是“四化”，第一个化，利率市场化；第二个化，汇率国际化；第三个化，人民币使用扩大

化；第四个化，外汇管理和金融机构管理的便利化。这四个化是中国金融体制改革的核心所在。由此，上海自贸区首先开放金融领域，第二是航运领域，第三是商贸领域，第四是专业服务领域，第五是文化领域，第六是社会服务领域。

六大领域18个方面，23项改革举措在2013年9月29日公布，2014年全部落地。因此，2014年7月1日第二份改革清单，新31条，主要集中在四个，服务业继续扩大开放14个领域，制造业首次开放有14个领域，美国的制造业重归美国化，德国的制造业强调4.0是完全吻合的一个趋势，就是制造业的扩大开放。因为现代服务业和先进制造业一直也有可能长期成为中国经济发展的两个驱动力。由此，制造业开放14个，采矿业的技术层面继续开放，前面提到石油进口的问题，到2020年再过四五年，中国石油的国际依存度可以高达60%至65%，因此石油开采技术的引进是必然的事。美国将页岩气开发形成生产力，中国作为世界页岩气储量最大的国家，就一定要用两弹一星的手段将中国页岩气的生产力提升到现代化水平，这是其中之一。

第四个领域开放，是基础设施的开放。由此，构成我向各位介绍的第四个“二”，今天讲了四个二，第一是法制两个二，第二是政府行政体制改革两次，第三讲到我们的开放在很大程度上体现为负面清单两份，第四就是上海自贸区今天要往前走，今后继续走，我们涉及第一批的18个方面23项，第二批31项，所以上海自贸区开放领域一共9个，共54个领域。

由此，一年的自贸区取得什么样的成果？用几组数据说明问题是非常容易的。上海自贸区核心区域是保税区，所有经济领域占全国保税区的一半，保税区成立到2014年14年，过往13年保税区涉猎企业总数8996家，2013年上海自贸区一年引进新的企业12288家，所有的优惠其实不在优惠自身，而是真正让上海自贸区成为国际化、市场化、法制化的需要，让上海自贸区的营商环境能够做到公平、统一、高效。

三、自贸区未来的希望以及与中小企业的关联

上海自贸区不属于上海，上海自贸区属于整个国家，属于在座的大家。如果人生要追赶潮流，企业家应当有这样的雄心和决心，站在潮流之颠，上海自贸区一定是潮流之颠。

中国会有第二批自贸区，但以我个人的观点，中国“玩命”的自贸区只有上海的那一家，以综合体制改革为己任和使命的自贸区，上海就责无旁贷。有机会，应当把第十届中国中小企业家年会开在上海，开到自贸区，开到中国最热火朝天的地方。一句话，冬季来临的时候，希望各位能够看到春天，因为这个春天并不遥远。中国经济从来没有靠过别人，只能靠自己成长和进步。

用三组数据结束我的观点。中国到明天，跨入 2014 年 12 月的时候，我们就可以想见 13 年前的 12 月 11 日，中国真正入市，那一年经济总量总数是 11 万亿美元，占美国经济的 12%，到 2013 年中国经济总量几乎达到 57 万亿美元，占美国经济的 56%。按照国际货币基金的统计，2014 年 9 月中国经济取代美国经济作为第一。

第二组数据，2001 年中国入市，在外汇储备方面，2013 年年底外汇储备量 3888 万亿美元，这才是我们为什么有理由和底气之所在。中国的外贸永远要作为中国经济的发动机之一，不能忘怀它，更不能将它小视。中国经济的发展尽管非常需要天时、地利，但根本是人和。

中国人需要长志气，这种会议就是长志气的会，但是一定不要流于形式，需要在重大问题上凝聚我们的共识。

创新驱动战略和创新文化

张景安
中国高新技术产业协会理事长

习总书记多次强调十八大确定的发展战略。第一个讲中国为什么确定创新驱动战略，第二讲几个问题，加强创新驱动战略。

首先创新驱动战略虽然有大的创新，现代化的创新，如大数据、云计算，也有传统产业的改造创新。传统产业改造没有夕阳的产业，只有夕阳的技术，做饭做出高技术也挺好，而且现在这些实用性技术的更新更重要。在座有大量的商业服务型的企业家，关系到国计民生，如果在商业里创新驱动，使你们能够挣更多的钱，服务的对象生活质量提高，使他们更开心，这也是中国梦重要的部分。

十八大确定创新驱动战略，是中国现今一个正确的选择。改革开放三十多年来，我们取得了巨大的成就，应该说是我们由一个穷国变成大国。回顾三十年的道路，发现当一个国家与先进国家差距大的时候，引进是一条捷径。我们当年的发展得力于大合资、大引进。但是引进只能减少差距，创新才能决战未来。实践证明，我们与先进国家差距大的时候搞引进发展非常快，我们也尝到了甜头。合资引进挣了很多钱，当已经发展了，竞争对手发现你的发展影响他的发展的时候，引进就是自毁前程。先进技术引不来，从联想购并 IBM 来看，购并也购并不来。自古发展只有一条路，必须靠自主创新。从当年合资引进到今天的自主创新，这是中国共产党在不同历史时期内一切从实际出发制定的科学发展观，况且现在还有两个问题是我们自主创新中尖锐的问题。

一个问题是我们改革开放三十多年取得巨大成就，也消耗了大好的环境，付出了很大的代价。比如当年我们中国的水是干净的，现在几乎很多地方都有污染。现在天湖、太湖等问题靠国外没有现成的技术解决。只能靠自己的创新把天搞蓝、水搞清，北京的雾霾指望外国人解决是不行的，我们也不能这么堵车，这么雾霾，再有钱也没用。首先生活质量要搞好，解决环境问题，要靠中国的创新，既要发展，要创新，还要解决环境问题。环境问题也是现今一个大的难事，绿色创新是关键。

还有资源方面，我们消耗了大量资源，现在要靠智慧来发展，这也是一个大问题。怎么深度开发，利用智慧形成新的智慧产业和智慧城市，使真正的科技成为发展的翅膀。从各方面来看，我们今天都必须走自主创新的道路，必须创新解决这些问题。

还有一个大问题，中国制造使中国由一个穷国成为大国，“中国制造”我为你骄傲，我曾经写过一篇文章，中国四百种产品世界第一，中国制造业让我们走遍了全世界。但是中国制造业有一个不足——核心技术受制于人，这是四百个行业共性的问题。如圆珠笔，我们六十亿支笔平均每支大概 1 元。但是国外的一支笔挣要几百元。如果我们挣几十元就翻十倍、一百翻。

我曾经算过，传统产业如果创新的话，很容易实现十倍、百倍的增长。如何真正从高端占领市场，这才是我们要考虑的问题。原来西方国家希望他们管创造，我们管制造。但是他们没有把制造转移回国，工程师失去了感觉，只是纸上谈兵，即使很好的想法也用不上，很多研发也搬到中国来，美国一看坏了。研发接近产业是一个规律，所以他们要把制造业搬回去。据说奥巴马找过乔布斯，乔布斯说不行，中国的成本低，美国正在重新考虑制造和创造的关系。最后说制造新的战略，颠覆式创新。现在产品都是中国制造的，所有的都用新的东西，把这个代替掉。虽然美国有高科技、好的大学，但是产业现在在中国，真要颠覆，有一定难度。中国如果颠覆性创新，很多都是中国制造，在制造上加上中国创造，我们就更加接近市场，很多东西都是我们的，从规律上他们有他们的优点，我们有我们的优势。

中国制造必须加上中国创造，我们才能展翅翱翔，渡过难关。我们坚持创新，就能够解决这些问题。从各个方面来看，从我们的制造业，我们国家解决的环境问题、解决污染问题，从整体提升我们的质量和效益，都要靠创新。因此，在十八大习近平总书记提出制订了创新战略。我们相信通过创新将使整个制造业提到一个更新的层次，迎接他们的颠覆式创新，并且打败他们。通过自主创新改善我们的环境问题和资源问题。环境做到世界最美的环境，最幸福的环境，实现中国梦的环境，用最少的资源，做到真正的最大化。从高新技术，大数据、云计算也做到最高，全面创新，实现中国梦。

要实现中国梦，商业要创新，创新文化非常重要。从国际上来看，目前我们企业的创新有很大难度。除了制造业的转型升级好一点，真正的创新风险很大，多数失败、少数成功。因此，它是一场永无止境的长跑，所以要用层出不穷的思想来创新。很多地方缺乏特点，缺乏超前，要克服这些问题，要有长期作战的思想准备。

第二，创新只有更加开放才能实现，现在我们距离整合全球资源，还有很大的差距。创新的文化来指导非常重要，创新的先进文化，不怕失败，不怕困难。另外，我们中国的文化不被外国接受，外国的文化我们很陌生。那就要了解外国人需要什么文化，挣外国人的钱。了解外国的文化非常重要，想要创新也需要了解外国问题，创新先进文化。

第三，产学研合作。现在这个时代是高技术更新换代的时代。企业要不是经常从大学和研究机构获得人才信息，我们就不知道现在流行的是什么东西。有些企业调了很多大学生来了以后，虽然实力增强了，但是因为发展太快，很多新的东西，不可能都补充，因此只有每时每刻和这些同行的大学研究机构合作，才能不断地增加信息。企业要跟大学和研究机构建立诚信的合作，大学和研究机构也要和企业建立合作，否则都是纸上谈兵，不知道企业需要什么，不知道什么技术能赚钱。因此，只有大家互相服务，才能了解市场，才能了解信息。这样产学研相结合，既是今天竞争的急需，也是未来竞争的趋势。

所以中央说，官产学研互动创新是今天创新的突破口，中华民族是智慧的民族，相信在未来的创新中，我们不仅能够创造出许多新技术、新产品，走在世界的前沿，引领世界的创新，也能把我们的资源环境通过创新使天更蓝、水更清，人们生活更幸福；服务业和商业通过创新，能够更加提高大家的生活质量。相信通过创新，能实现企业的创新梦。

中小企业的创新发展和转型

许科敏
工信部中小企业司副司长

中小企业是国民经济和社会发展的重要基础，是扩大就业和改善民生的重要渠道，党中央国务院一直高度重视中小企业的健康发展。为此出台了一系列政策措施扶持中小企业特别是小微企业。2014 年以来，国务院密集出台了关于支持中小企业解决融资难、融资贵，减轻企业负担，包括创业、创新等一系列政策措施，应该说力度之大和密度之高都是前所未有的。由于各项扶持政策措施，尤其是改革开放红利的释放，中小企业呈现了大幅增长的态势。

一个企业的生存和发展，国家要积极营造良好的发展环境，给予一定的扶持政策是非常必要的，但也不是全部。因为我们企业的生存发展从根本上来说最关键的还是我们自身的素质和我们的市场竞争力。在市场中能否生存，首要决定于自身的因素。我们中小企业从整体上说，还存在着发展方式粗放、依靠传统要素投入、生产技术和装备水平比较落后，缺乏核心技术和知名品牌等问题。另外，我们中小企业在管理上也比较粗放，不用说很多企业没有建立现代企业制度，就连生产、财务管理的基本制度都没有建立。所以说中小企业要发展，如何用创新来驱动我们内生动力，实现我们的转型升级，应该是一个根本性的任务。

作为中小企业的宏观指导部门，工信部一直把促进中小企业的转型升级作为我们工作的一个重点，我们提出来要引导中小企业走“专精特新”的发展道路，即专业化、精细化、特色化、新颖化的发展。通过创新，让我们的企业在细分市场和领域成为隐形冠军和小巨人企业，走出一条发展之路。

工信部主要做了以下几个方面的工作：

第一，贯彻落实国家支持中小企业创新发展的一系列政策措施。主要有2013年国务院办公厅印发了《加强企业技术创新主体地位，全面提高企业创新能力的意见》，我们工信部也发布了《中小企业“十二五”成长规划》，都提出了重点工程和计划。我们配合全国人大做《中小企业促进法》的修改工作。在这次修改当中，把支持企业创新作为一项修改的重点，进行完善支持企业顶层设计的工作安排。

第二，用购买服务的方式委托有关的行业协会对研发费用、支持企业自主创新的政策进行宣传解读培训和服务，来帮助企业了解申报程序、费用归集方式方法和计算，让更多的企业了解这项政策、使用这项政策，惠及更多的企业。

为促进两化深度的融合，工信部提出了中小企业信息化推进工程，这项工程已经进行了十年，这项工程就是要发挥信息化服务企业的积极性和优势，为中小企业提供免费的培训、解决方案和打造云服务的平台，最终实现中小企业得到实惠，降低我们信息化的进入门槛和成本，同时信息化服务商也通过这个工作的平台，扩大了他们的市场空间。像阿里巴巴、百度、用友软件集团、三大电信运营商都是我们这项工程的主要参与者，提出了很多专项计划，取得了很大成效。

第三，加强知识产权工作。因为知识产权工作对中小企业来说是一项比较弱的工作，我们会同国家知识产权局进行中小企业知识产权战略推进工程，在全国选了32个试点城市，营造知识产权保护的环境，开展知识产权的服务，在培育具有自主知识产权优势的中小企业等方面进行了探索，取得了很大的成效。

第四，加强公众服务体系的建设。因为中小企业的转型升级缺资金、缺技术、缺管理、缺人才，借助我们社会中介服务可以助力中小企业的转型升级。工信部多年来一直致力于打造由中小企业服务机构、行业协会以及社会化的服务机构共同构成的纵向相通、横向共享服务体系。构成这样一个平台网络体系，实现资源共享、互联互通和服务协同。

另外，还在全国分为四批，共培育和认定155家国家级中小企业示范平台。积极发挥它们的示范引领作用，为中小企业提供服务。各位在座的企业家如果有这方面的需求，可以向我们的平台网络和我们的示范平台寻求支持。

中小企业的转型升级归根到底要靠我们企业自身的努力，所以我想通过我们企业自身的努力，通过质量求生存，通过管理求效益，通过创新求发展，加上政府营造的环境和给予的大力支持，再加上服务机构和服务平台的共同努力，中小企业的转型升级工作一定能够迈上新台阶，上一个新的水平，为国民经济的发展做出新的贡献。

改革工商登记制度，做好促进中小企业发展“前炮”

张　霞

国家工商总局个体司副司长

中小企业是我们国家发展经济、解决就业、促进创新和稳定社会的生力军。促进中小企业的发展是我们国家的战略性工作，中小企业的发展，需要一个良好的外部环境，好的营商环境。十八大要求政府机构改革，三中全会提出深化改革，四中全会提出依法治国。现在我们国家各项改革正在逐渐地铺开，不断地深入。我们想这将极大地改善中小企业发展的环境，促进中小企业发展，同时对中小企业自身也提出了新的要求。其中工商登记制度改革，被国务院领导称之为“前炮”。

首先是改革的任务目标和整体要求。这项改革是十八大二中全会通过的国务院机构改革和职能转变方案中提出的一项改革任务。目标就是推进现在的工商注册制度更加便利化，营造一个良好的营商环境，整体是宽进严管。主要任务包括两项：一项是降低准入门槛，直接把注册资本实缴制改为登记制。二是减少审批，把原来的先证后照改为先照后证。

随着改革的深入，又显现出第三点，市场监管制度改革，由国务院牵头正在进行。从工商登记注册开始，随着改革的深入，逐步涉及行政审批制度之外更广范围的改革。

简单介绍一下改革的进程和内容。关于注册资本制度改革，主要包括以下五个方面：

1. 公司的注册资本实缴制改为登记制。除了国务院方案列出的 27

个例外的行业，均取消了企业注册资本的最低限额，出资期限也没有规定。

2. 不再验资。以前要先验资，现在不再需要验资。今后政府不再为企业的这些行为背书。这个责任就交给了股东投资者，由股东之间约定，向社会公示，对交易相对人负责。放宽了对住所和经营场所的登记限制。原来搞企业最大的两个限制就是一没钱，二场地难解决，才出现很多无照经营的现象。今后把住所和场所的权力下放给地方省一级的政府根据当地的情况作规定。

3. 通过网络信息公示。自行通过企业信息公示系统提交材料，同时系统向社会公示，不再审查和盖章。管理机关只是通过事后3%的抽查制度对年检年报制材料的真实性进行一个抽查，另外根据举报进行事后监督。

4. 推行电子营业执照和全程营业执照的管理，适应互联网政务和商务的需要。

5. 建立市场主体信息公示体系，完善约束机制。主要包括四个方面，要建立一个企业信用信息公示系统，统一标准由各省工商局分省建立。企业的信息，包括个体工商户、合作社的信息都在网上向社会公示。如企业的基本的信息、在工商局登记的基本信息、从名称到经营范围、处罚信息、得到许可的信息，以及企业年报的信息等。

建立一个经营异常名录。如果不年报，就列为经营异常；根据注册的地址找不到，三次就列为经营异常；严重违法的，还有系统之外的，要公示的效率，就是要把他公示出来。这个名单要在不同的部门之间联动，列为永久异常名录的企业主要负责人、投资人再次投资的资格将受到限制。这样形成一种协同监管和社会共制的机制，社会组织、司法、企业自身、社会公众形成一个共同的机制。

以上是内容。从进程来看，国务院印发了改革方案，2014 年 3 月 1 日开始实施，各项配套的修法立法制度建设已经完成。最近《企业信息公示暂行条例》也已经经过国务院批准公布，2014 年 10 月 1 日开始实施，现在正在进行配套的系统也都已经完全上线。年报已经开始进行了，现在可以上工商局网站查。

这项改革涉及所有的行政和行业管理部门，大量法律法规的修改，相对比较困难一点。2014 年也在不断推进，8 月份已经公布了一批，还有五项已经通过了，涉及法律修改还没有公布。最近国务院第二批公布了 82 项项目，还有七项提请人大修改法律进行调整。现在还剩下 75 项已经在 10 月底之前完成社会征求意见的过程，估计在年内报国务院第三批公布。最后是二百多项前置审批保留得不多了。

关于市场监管，其实也是这次改革的其中之一。改革整体是宽进严管，门槛放低了。进来以后市场要有一个好的环境和秩序，有严管的问题。这也是国务院非常重视的，2014 年国务院发布了《关于促进市场公平竞争维护市场正常秩序的若干意见》的文件，对放宽市场转入，夯实市场监管的信用基础，改革监管执法体制提出了要求。这个文件实施的影响，我们认为是巨大的，因为是非常明确的与市场、公民之间有重要关系的文件。

比如在关于简政放权中明确提出，法不禁止的企业都可以做，法无授权的政府不可为，我们要搞市场准入的负面清单，各级政府的权利清单。建立健全监管制度，强调推行社会公制，落实市场主体，我们自身的行为规范责任，监管责任等，随着改革的深入，最近“三证合一”，应用大数据，陆续提上了国务院的议事日程。所谓的“三证合一”，即原来的工商注册证、税务登记证、组织机构代码证，将来可能合在一起，也是由工商局牵头。

改革的成效。从 2014 年 3 月 1 日开始实施这项改革以来，在不断地推进，改革成效是显著的。

第一，激发了社会的投资热情，新登记的企业呈井喷式的增长。新增主体 200 多万户，注册资本资金同比增长 85.6% 左右，新登记企业注册资本明显高于以往，但是整个出资仍保持在正常的分布状态，一百万元到一千万元区间还是非常大的一个主体。所谓的几元钱，很低的投资，和上几十亿不太理性的投资非常少，我们的市场主体还是理性的。

第二，企业登记注册用时大幅度下降，节约了时间成本。改革之前全国平均注册一个企业要用 26 天，改革以后缩短为 13 天。世界银行 2014 年全球营商环境报告中显示，2014 年中国在 189 个国家和地区中整体排 96 位，设立企业单项排名中国是 158 位，说明营商环境是有了一个明显的改善。

第三，社会公众创业勇气和意识增强，民营企业在发挥就业主渠道的作用进一步凸显。改革实施以来，每天约有一万家企业成立，便利化的鼓励下更多人愿意自主创业，改革对创业，尤其对就业有极大的改善。

党中央和国务院非常重视这项改革，李克强总理批示二十多次，亲自视察四次，为什么？因为这项改革是激发社会投资热情、释放活力、有利于解决就业问题的。工商制度是我们国家一项基础性行政管理制度，它的改革在推进整个国家治理体系和治理能力现代化方面具有不可替代的推动效益。改革可以培育具有自我责任意识的社会主体，投资者和员工通过这项改革，自我责任意识会进一步增强。夯实国家治理现代化的信用基础，促进简政放权，政府职能转变，发挥市场在资源配置中的决定性作用，更好地发挥政府作用。这个改革还只是起步，有待深入。注册资本方面还存在“大门开，小门未开”的问题，比如银行机构的一些相关的管理制度还没有跟上这项改革，下一步国务院已经责成工商局会同有关部门解决这方面的问题。

先照后证也是有法律修改和地方法律配套的问题，监管的路更长。但是非常值得关注的是我们宽进是否是取得好成果的保障。近期国务院连续召开协调会，专题研究如何推进登记制度，我们深处其中，感觉工作强度是很大的。

对企业的影响。改革以后我们国家营商环境发生很大的变化，改革的结果并不是一味放松管制，宽进严管，逐渐建立一套开放透明的市场准入和监管规则。整体上改革之后的环境是宽了，但是也严了，更加法制化了。宽了就不说了，今后会有很多切实的体会。关于更严了方面，是逐渐显现的过程，关于今后的监管会改变很多的方式，但是会感到比以前更强化。这也是国务院一再强调的，工商登记制度一方面放宽，同时加强监管，抽查制度、责任追诉、黑名单，这些都是要列入今后监管的手段，这样对企业今后的生产经营会有很大的影响和约束。

监管变成了立体化。通过这种大数据的监管，各个部门之间的联动，变成各个环节的监管，企业在社会上更加立体化，随着大数据的发展，今后可能有人比你自己更了解自己。

监管方式新了。主要是今后要做信用监管，信用的积累，对企业来说非常重要。今后这种改革的方式，可能采取抽查、举报，还有部门之间的联动，这些方式和原来不一样了，其实随时就像一把剑悬着。多了信用约束的责任，公之于众，全社会各个部门、各个机构都能看到，对企业自身的行为能力、竞争力、资格各个方面都受到影响和限制。

监管的主体多了。数量上不会明显增加，关键是所有这些监管部门可以共享一个平台，很容易联动起来，其他部门提供的线索就很容易启动第三把钥匙。行为监管强化，准入资格、门槛的降低，导致对行为的监管必然加强，这也是今后的方向。

广大中小企业作为主体，今后要积极地认识到这种改革的形势，逐渐地适应这种新的营商环境，适应资本注册登记制度，认识自身的责任、股东之间的责任和社会交易主体的责任，更多地来承担。出了纠纷不是找行政部门，更多走民事司法的途径解决。

年报、公示作为企业自己的行为，稍微不注意，就可能有一些不良后果，自己的责任增加了。适应信用监管，对企业来说，就是要增强信用意识。市场经济就是一种法制经济、信用经济，一定要增强信用意识监管。原来只是理念，现在变成一种制度约束。在我们企业自身的行为中，也要加进去。同时严格履行自己信息信用公示制度，同时重视信用评价。信用评价是非常重要的，不管是企业，还是中介组织的信用评价对企业来说都是非常重要的。

适应电子化的监管。不仅是技术手段要跟上，今后理念上也要逐渐跟上，适应行政审批制度。今后国家会采取很多行政审批制度的改革，对我们的生存环境、行为规则都会造成很大的影响，请大家一定要密切关注。

适应社会共治。今后可能更多的是要靠自身，依靠社会组织，比如协会组织。总的来说，企业要自身守法、自制、自律、自强，要更多依靠协会和社会组织的力量。对协会来说，现在对中小企业更加有为，这些都会让我们更多地依赖社会化、公众化的服务，协会也是很有空间和大有作为的，希望我们能够转变观念，以改革的精神做好新形势下的企业服务工作。

具体新形势下，如何做好企业服务，适应大数据和全程电子化，关注小企业的行业分布的变化。比如由于改革降低企业注册资本门槛，这些对于我们协会是需要关注的动向。着力服务和扶持新创设的小微企业，也是李克强总理在 2014 年 7 月份视察过程中提出的改革任务。对新创设的小微企业，特别是新的工商登记制度下创设的企业，因为门槛低，条件不成熟，可能更需要我们的扶持和帮助，帮助它们进得来，活得下，提高成功率和成活率。国务院已经签发了一个由 16 个部门共同制订，工商部牵头，针对新创设的小微企业的文件，已经在 2014 年 10 月 20 日政府网公布。

对工商局来说，政策措施包括很多，如财税方面的、社保方面的、公共平台服务方面等，其中有一项是新的，工商局牵头建立小微企业名录，要让企业今后的扶持政策有一个看得见的抓手和平台。通过资源申请方式建立一个名录，实际是一个简单的平台，我们国家有各种各样的扶持小企业的政策，愿意帮小微企业申请扶持政策的平台，我们正在着手研究，希望通过这个平台把小微企业的扶持政策具体化，通过这个文件和这项制度，能够把这个问题解决。

总的来说，工商登记制度改革是重大改革，影响又深、又远、又大。

中小企业融资的新渠道、新举措

陈永民

全国中小企业股份转让系统副总经理

为促进中小企业发展，我们国家做了一系列相关部署，为支持中小企业融资问题，或者说解决我们融资难的问题，国务院加快了全国中小企业股份转让建设，在整个国家的战略部署中是一个很重要的举措。

2013 年底国务院出台了《关于全国中小企业股份转让系统有关问题的决定》，决定出台之后，全国中小企业股份转让系统扩大到了全国范围，符合条件的公司都可以在市场上挂牌融资，进行资产重组。经过近一年时间，这个市场取得了很快地发展。2014 年新增挂牌公司已超过 1000 家，目前挂牌企业总数超过 1350 家，截止到 2014 年底应该超过 1500 家。

除了为企业提供挂牌金融服务之外，这个市场的融资和交易功能也发展地很快。2014 年通过这个市场进行股票融资的额度已超过 110 多亿元，交易额现在也已超过 90 亿元。特别是 2014 年 8 月交易上市上线以后，交易额持续增加，投资机构对这个市场关注度也在不断增强。我们这个市场在扩大到全国范围不到短短的一年时间，市场功能得到了很大的提升。

在市场建设过程中，我们致力于提高整个市场的透明度和公平性，完善市场价格发现功能，争取做到以信息披露为核心。审查工作也好，监管工作也好，以信息披露为核心，很多企业问题披露清楚了，就可以按正常程序申报。

希望相关治理组织、中介机构能够在这个市场发挥更大作用。投资人在这个市场能够发挥他的决定性作用，所以我们以信息披露为核心，企业把信息披露清楚，挂牌以后能不能融到资，能不能引起投资人的兴趣来投资，这是我们的一个理念。

整个市场建设过程的理念就是为了使企业融资更方便，使股份交易更灵活，所以大家也关注到我们下一步的融资功能和交易功能，将不断采取措施，使得市场交易功能和融资功能不断满足投融资双方需要，特别是满足我们中小企业创新创业型企业的需要。

目前各地方各行业对进入新三板市场积极性都很高，2014 年 9 月份以来我们收到希望在这个市场挂牌的企业平均每个月都有二三百家，目前已经有六百多家公司在申请。大家会有一种担心，六百多家公司造成一种挤压，会不会延长申请挂牌时间？这个问题，做一个说明，我们整个市场的推进化和效率很高，8 月份推荐过来的企业基本上都已经处理完了，现在主要还是在处理 9 月份以后企业的挂牌申请。9 月份、10 月份申请的企业数量虽然一下增加了很多，但是我们也按照原来整个工作的节奏和我们对市场效率方面的一些承诺，在 2014 年 12 月和 2015 年 1 月把这些申请处理完毕，实现在市场挂牌。

另外，大家还有一种担心，申请的企业多了会不会提高门槛？我们还是会坚持以信息披露为核心，符合基本条件我们都会同意来挂牌，同时让市场发挥主体作用以及中介机构和投资人的作用，这个是我们一直坚持的理念。企业挂牌，自己要考虑，进入这个市场，利用这个市场功能要起到什么作用，进入这个市场能否引起投资人的兴趣，利用这个市场如何促进企业自身的发展，考虑好这些，进入这个市场挂牌就没有问题。

我们的这个市场一定会按照国务院的定位要求，服务中小微企业，服务我们国家转型升级结构调整的战略要求，不断地改革、探索，提高市场效率，发挥市场功能，形成一个新的市场投资文化和投资理念。

农业科技创新与农业企业发展

王先锋
农业部办公厅处长

非常荣幸来到2014年中国中小企业家年会，借此机会围绕着农业科技创新主题谈三个体会：

一、农业的科技创新

第一，农业的科技创新在我国农业发展过程中已经做出了巨大的、不可替代的重要贡献。我们国家是一个有13亿多人口的大国，是一个农业大国、消费大国、生产大国。人口多，粮食需求量大。根据测算全国每天要消费肉产品22万吨、禽蛋7万吨、水产品15万吨。面对这么大的消费群体和消费数量，农业是一个安天下、稳民心的战略产业。

20世纪70年代美国布朗先生写了一本书《谁来养活中国》。面对这么大的一个消费国家，我们的口号是什么？目标是什么？战略方针是什么？我们的农业要解决什么样的问题？对于我们这样一个国家，粮食是安天下、稳民心的战略，把我国的粮食安全作为农业发展的主要任务，也把确保粮食安全作为农业创新战略的主要任务。

改革开放三十五年来，农业科技在农业发展过程中，特别是在整个国家的经济发展过程中，已经做出了卓越的贡献。农业的科技创新告诉大家，我国农业科技进步的贡献达率2013年已达到55.2%。

农业科技创新成为推动我国农业农村经济发展的重要决定力量。农业科技创新已经成功地解决了中国13亿多人口的吃饭问题。其中在确保粮食安全方面，2013年我国粮食综合生产能力已经达到了1万多亿吨，2014年也获得了丰收，农业连续十年丰收，科技创新的作用功不可没。

农产品的质量安全已经获得稳定，我们成功改造了包括北大荒在内的大量中低产田，提高了农业的技术、机械化水平，整个农业科技进步已经达到了55.2%，农机装备总量达到10亿千瓦。主要的粮食作物小麦、玉米等达到59%，提出的目标是在“十二五”末达到60%。这是我们农业科技创新在整个国家国民经济中以及我们的经济社会发展中做出的巨大成果。

第二，农业科技创新目前已经成为解决农业发展的一个根本性任务。农业的发展需要依靠农业科技创新、科技进步、劳动者素质的提高和管理创新等方面。很多的专家学者提出了当今世界科技创新已经成为整个世界经济发展的重要支柱力量。农业科技创新的每一次重大的突破，已经为农业的发展带来了极大的甚至是颠覆性的变化。世界上的许多国家把农业科技创新作为重大的国家战略措施，我国也把农业科技创新作为国家经济社会发展的重大战略目标和战略任务。

当今中国正处在工业化、信息化、城镇化和农业现代化同步时期，农业科技进步已经达到了55.2%，但是与世界发达国家的先进水平，与中国现代农业发展的要求以及广大农民朋友和全体中国人民的企盼相比还有很大的差距。我们认为，目前我们的农业发展已经到了必须依靠农业创新提高农业的土地产出率、劳动生产率和资源利用率的关键时刻，不可能依靠农业自然资源无限制地增加来发展农业。在这样高技术的情况下，继续保持农业、农村经济发展的态势难度非常大，在高成本的情况下，继续提高农业发展水平的难度和空间也越来越大。我们就是需要农业的科技创新，农业领域的发展特别欢迎更多的中小企业家来投资、开发和支持。

这里要给大家介绍农业科技创新目前遇到的一些巨大的挑战，也是农业发展的巨大挑战，便于投资农业的人士参考。从粮食需求的刚性来说，我们的粮食需求一直呈刚性增长，我们每一天要消费量22万吨肉、7万吨畜产品、15万吨水产品、100万吨蔬菜，但是随着工业化、城镇化的不断发展，随着人口的增长，我们的粮食需求的增量每年要增加80亿斤粮食、80万吨肉，我们的粮食需求呈刚性的增长。

水土资源越来越短缺。农业发展受到水土资源严重限制，淡水的用量不足5%，大量土地特别是优质土地随着城镇化的发展，每年以二十万亩的速度减少。所以我们不可能依靠水和土地自然资源的约束进行充分的发展，必须依靠科技创新。

从农业的生产成本来说，现在的生产成本越来越大，在农村每一个劳动力特别是在农忙时期，聘请一个劳动力一天的成本大约在150元，而且还需要两顿饭，成本非常高。在很多的地方，农民是年年增差，不增收，因为成本太高了。

农村的劳动力结构发生了巨大的变化，在农村有大量的留守儿童、留守妇女，农业生产仅仅靠这些人，我们的农业发展是很危险的。同时我们大量的新增劳动力，特别是“90后”出现新的农民工，他们大约83.6%没有从事农业生产，93.6%的人口都希望到城市后不再回去，不愿意种田。谁来种地，谁来养猪的问题成了各级政府第一关心的社会问题和经济问题。

我们对农产品的关注度越来越高，对质量的容忍度越来越小，所以我们面临严峻的挑战，同时农业国际贸易的问题越来越多。从这些方面来说，如果单纯地靠水土资源、增加农药化肥，增加粗放型的生产是不可能的。关键增强农业的科技创新，这是农业科技创新面临的千载难逢的机会。

二、农业企业的发展

对中小企业家的两条建议：

第一，农业是安天下、稳民心的战略产业，粮食也是安天下、稳民心的战略产业，国家鼓励支持引导中小企业家投资农业，开发农业。农业投资首先必须立足于国情，把保障国家粮食安全作为农业科技创新的主要任务。所以，我们投资要把握准投资方向——是不是解决国家粮食安全问题。然后必须把要提高土地的产出率、资源利用率和劳动生产率作为我们的主要任务。如果企业的投资方向是围绕这三个问题，你就对了，否则就错了。我们的投资方向要保证是否能够带来增产增收，是否能够做到两种研发，我们的种子方法是否是配套的，农机和艺术是否是结合的，生态和生活、生产和生活是否是协调的。

第二，把握重点。我们现在农业的发展首先是种子，种子是命脉，是源泉，种子不好，怎么能发展农业呢？投资重点在种业，欢迎企业家投入种业，研究开发和合作。农机方面，农机的装备重量是 10 亿千瓦，和发达国家相比还远远不够。这些方面是中小企业投资的方向，如何解决这些问题，还有南方的小农工，怎么解决丘陵地区的农业现代化装备？能够给农业带来节约资源办法的方向就是对的，会得到广大人民的拥护。技术推广方面，怎样把现有的资金投入到农业技术地推广、农机农业问题，以及其他方面的问题。怎样在农业信息化方面，把电子商务融入农业的发展，融入农业的生产管理，用毛主席的话说，农村是一个广阔的地区，农业也是一个广阔的地区，农业科技创新更是一个值得广大优秀企业投入的广阔天地，在那里是可以大有作为的。

我国电子商务发展及相关政策

邵惟楠
商务部电子商务司副处长

我国电子商务发展现状、发展特点，以及目前电子商务面临的问题和我们国家电子商务的政策都有哪些？首先可以看一下电子商务发展历程。（见图 1）

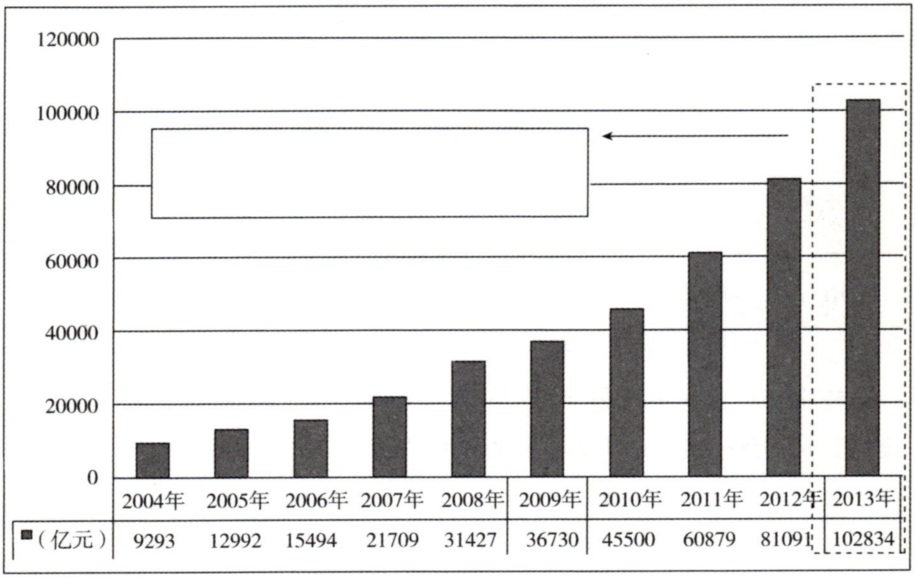

图 1　我国电子商务发展历程图

我国的电子商务从 1998 年到 2011 年是启蒙期，这个阶段正好是网站兴起之时；从 2001 年至 2008 年是允许期，电子商务企业正在孕育和发展；2008 年之后，特别最近四至六年，电子商务突飞猛进，也可以说是大家每天都离不开的经济业态。

从 2004 年到 2013 年，根据商务部的统计，2013 年电子商务交易额达到 10. 28 万亿，同比增长 26% 多。网络零售额增速约为社会消费品零售总额增长率的 3. 1 倍，占社会消费品零售总额 7. 8% 。(见图 2)

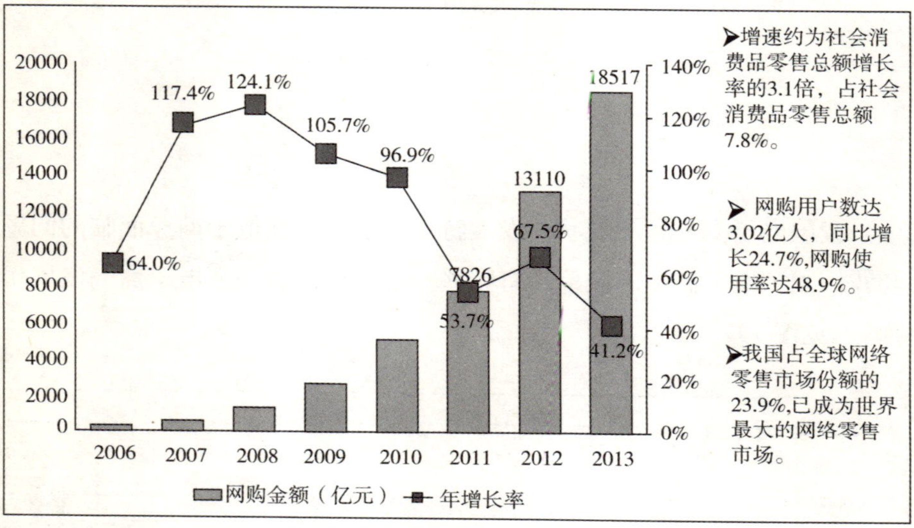

图 2　2006 —2013 年中国网络零售交易额

数据来源：商务部历年《中国电子商务报告》。

电子商务服务业一般分三个类型，平台、延伸服务业、支撑服务业。支付、物流、认证，是我们目前比较重要的支撑服务业，获得非金融机构第三方支付牌照的企业已达到 243 家。第三方电子商务支付交易额达 5. 37 万亿元。2013 年连锁百强中有 62 家开展了网络零售业务，中小批发零售企业中开展网上销售超过 31% 。

我国电子商务发展特点。电子商务渗透到社会生活各个领域，交易规模快速增长，促消费、扩内需、增就业成效明显，带动相关服务业快速发展，技术创新成为增长动力。跨境电商成为新的发展热点，跨境网上零售交易达到 214 亿美元，同比增长 43. 3% 。我国外贸平台企业超过 5000 家，开展跨境电子商务业务的外贸企业超过 20 万家。与传统产业

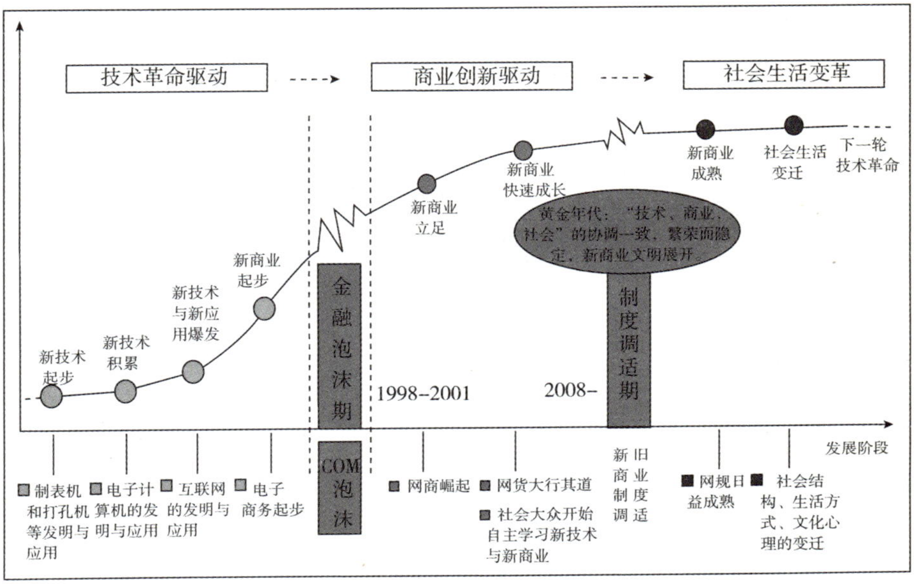

图3　电子商务交易额增长趋势图

融合发展，加速产业转型升级，市场竞争加剧，行业集中度不断加深，各级政府部门越来越重视电子商务，加大促进应用的力度。

我国电子商务存在的问题。主要是制度环境不完善，法律法规建设滞后。地区、行业、企业间差距大，发展不平衡。网络安全对电子商务发展形成严峻挑战，这两年经常可以看到黑客攻击，网络数据安全受到影响，网络违法犯罪上升的势头非常快。对电子商务发展也构成严峻挑战。通信基础设施、物流、信用等支撑体系不健全，大部分是中小企业，我们的数据收集和整理，以及大数据加工均有待于完善。人才缺乏，培养方式不能满足发展需要，商务部在各地调研，各个省市提到最大的制约电子商务的发展问题就是人才瓶颈问题，人才成为制约电子商务发展的最重要的瓶颈。但是我们乐观的估计，四五年以后会有一个很大的改善，因为十几年前很多企业家会考虑上 ERP 系统等，要招一些技术开发人员，那时是非常难的，现在来看，稍微上规模的企业如果不上信息化一定发展不大。

市场秩序有待规范，网络零售侵权、售假、欺诈等时有发生。需要不同部门相互配合，加强对于网络零售知识产权的保护。政府公共服务的水平有待提高，如中小企业个体公司在注册制度的改变，对于政府来说，迈过这一步是很大的改变。

序号	文件名称	发文时间	文号	发文单位
11	《商务部关于"十二五"电子商务信用体系建设的指导意见》	2011.12	商电发（2011）478号	商务部
12	《关于促进电子商务健康快速发展有关工作的通知》	2012.02	发改办高技（2012）226号	发改委、财政部、商务部等八部委
13	《商务部关于利用电子商务平台开展对外贸易的若干意见》	2012.03	商电发（2012）74号	商务部
14	《关于进一步促进电子商务健康快速发展有关工作的通知》	2013.04	发改办高技〔2013〕894号	发改委、财政部、商务部等13部委
15	《国务院关于促进信息消费扩大内需的若干意见》	2013.08	国发〔2013〕32号	国务院
16	《国务院办公厅转发商务部等部门关于实施支持跨境电子商务零售出口有关政策意见的通知》	2013.08	国办发（2013）89号	国务院办公厅
17	《商务部关于促进电子商务应用的实施意见》	2013.11	商电函（2013）911号	商务部
18	《网络交易管理办法》	2014.01	工商总局令2014年第60号	工商总局
19	《商务部办公厅关于印发<2014年电子商务工作要点>的通知》	2014.03	商办电函（2014）87号	商务部

序号	文件名称	发文时间	文号	发文单位
1	《国务院办公厅关于加快电子商务发展的若干意见》	2004.12	国办发（2005）2号	国办
2	《商务部关于网上交易的指导意见（暂行）》	2007.03	商务部公告2007年第19号	商务部
3	《商务部关于促进电子商务规范发展的意见》	2007.12	商改发（2007）490号	商务部
4	《商务部关于加快我国流通领域现代物流发展的指导意见》	2008.03	商改发（2008）53号	商务部
5	《电子商务模式规范》	2008	SB/T10518-2009	商务部
6	《网络交易服务规范》	2008	SB/T10519-2009	商务部
7	《商务部关于加快流通领域电子商务发展的意见》	2009.11	商商贸发（2009）540号	商务部
8	《商务部关于促进网络购物健康发展的指导意见》	2010.06	商商贸发(2010)239号	商务部
9	《第三方电子商务交易平台服务规范》	2011.04	商务部公告2011年第18号	商务部
10	《商务部"十二五"电子商务发展指导意见》	2011.10	商电发（2011）第375号	商务部

图4　近年来关于促进电子商务发展的有关文件

电子商务政策，政府应该做到把握好原则，有所为有所不为，多予少取。对于电子商务行业发展，政府尽量少伸手，市场的力量和作用能够纠偏，处理好政府和市场的关系，明确政府角色，使市场在资源配制中起决定性作用。政府职责应该是营造环境，促进应用，服务监管和公共服务的提供。

近两年中央各部委和国务院印发的促进电子商务发展的文件很多。在2008年往后国家出台政策的频率和力度一直在加大，不论是在规范标准还是指导意见方面，出文件的速度越来越快，目的是进一步推动电子商务的健康有序发展。

我国电子商务发展的趋势。电子商务发展趋势整体概括为四个方面：信息技术的创新有利推动电子商务发展，电子商务新模式将按引领传统产业转型升级，电子商务将加速外延拓展，服务能力将成为电子商务企业的核心能力。

信息技术的创新，主要是四方面，物联网、云计算、大数据、移动技术。这几年接触到的大数据、云计算，看不见摸不着，但大家生活过程中会应用这些技术。包括以后的远程医疗；手机上网，每天都会发现用了APP软件，会精准收到信息，都是背后的大数据的应用。移动技术是电子商务下一步发展的重点领域。

电子商务的新模式。引领传统企业转型升级，为什么中国是一个制造业大国而不是一个创新大国，以前我们只崛起了中间制造环节的部分，但是设计研发、市场营销都是非常薄弱的，电子商务能够助力中国企业向中国创造发展。

电子商务新模式将引领传统产业转型升级。传统制造和流通企业广泛应用电子商务并不断深化，中小企业将融入龙头企业的电子商务购销体系，第三方电子商务平台加速发展，开放平台成为新选择。比如京东、阿里，它们肯定是要向第三方开放的，不可能做全封闭的。线上线下融合发展、O2O的发展模式、万达电商的发展模式，已经做到了一定的成熟度。引导传统农业变革，农村电商成为下一个重要拓展领域，下一步除了移动电商是一个发展热点，传统制造业和传统工业4.0如何与电商融合发展是未来发展比较快的领域。

外延拓展，跨界经营，跨境电子商务。跨界，百度、阿里的发展有点看不懂，为什么做文化传播、做影视，是在打造它的生态社会。

服务能力将成为企业的核心竞争力，做企业家能感同身受，要有好的产品，顾客体验是至上的原则。电商将成为政府扩大内需，转变经济发展的重要抓手。最近国务院出台了几个文件，电商都是重要的途径。

电子商务领域，唯一不变的就是改变。每天在创新，如果跟不上，就会被远远抛在后面。

报告篇

此篇内容主要是中国中小商业企业协会2014年对全国中小企业实际调研的成果，结合权威专家学者对2015年经济发展形势的分析而成。内容翔实，全面解读了全球主要经济体的发展形势、深化改革对我国经济发展的深刻影响，以及我国经济发展的现状、当前中小企业所面临的问题，并提出中小企业发展相对应的措施。

2014 年中国中小微企业成长发展报告

发布单位：中国中小商业企业协会

主　　编：孔庆泰
执行主编：刘英奎　任兴磊
编　　委：沈亚桂　杨　猛　刘梦阳　高　平　杨聪令
邢方圆　王　浩　于　洋　李鹏飞　王俊娇
孙士达　陈耀军　陈　军　牛学文　郭凤英
任红霞　元泽琼

前　言

2013 年 11 月 12 日闭幕的十八届三中全会《中共中央关于全面深化改革若干重大问题的决定》提出，“公有制为主体、多种所有制经济共同发展的基本经济制度，是中国特色社会主义制度的重要支柱，也是社会主义市场经济体制的根基。必须毫不动摇鼓励、支持、引导非公有制经济发展，激发非公有制经济活力和创造力”“改善科技型中小企业融资条件”。这项政策明确指出，中小企业不再简单是国企的补充，在市场经济的大潮中与国企一样占有着一席之地，国家将重点扶持中小型企业的发展，各地政府均制定政策促进中小企业和小微企业的发展。同时，中小企业也在促进就业、技术创新、解决民生问题、推动经济增长和结构调整等方面为国家经济社会发展做出了巨大贡献。

然而，与其他市场主体相比，中小企业毕竟势单力薄，属于弱势群体，在发展过程中面临着融资难、招工难等诸多现实困难和问题，需要全社会给予一如既往的扶持和帮助。为此，我会在竭尽全力为会员企业提供各项服务的同时，进行了深入调研，认真倾听企业的要求和呼声，并将调研成果及相关研究成果汇成此报告，以期为中小企业发展尽绵薄之力。

本报告分析了当前中小企业发展面临的国际国内经济形势、中小企业发展现状和存在的问题，并在此基础上提出了促进中小企业发展的政策和建议。在报告写作过程中，我们参阅、引用了商务部、工信部、国家工商总局、国家统计局、中国中小商业企业协会《决策参考》编辑组等权威机构的数据和资料，以及国务院发展研究中心副主任刘世锦、原副主任卢中原等权威专家的研究成果，在此一并表示衷心的感谢！

《2014 中国中小微企业成长发展报告》编撰组

2014 年 11 月 24 日

一、中小企业发展面临的国际国内经济形势

（一）国际经济形势

1. 美国：经济复苏形势更为稳固

美国经济缓慢复苏。尽管刺激性财政政策和宽松货币政策效应减弱，以及受2014年以来大雪等极端恶劣天气的影响，美国一季度经济增长低于预期，国内生产总值（GDP）按年率计算仅增长0.1%，增幅远低于预期的1.2%，但经济复苏向好的态势并没有改变。随着政策环境的改善，能源、汽车、航空、软件等产业将继续保持扩张势头。特别是在能源领域，由于页岩气开发成本的下降，美国对外的能源依存度逐步降低，其工业产业基础及国际竞争力有望加强。进入4月之后，美国经济开始出现明显的反弹，消费者信心改善、家庭消费意愿回升、零售消费加速回暖，终端需求回暖也带动了就业市场的加速增长，企业此前的偏悲观情绪得以出现改善，经济逐步进入良性的正反馈增长阶段。美国4月消费者物价指数环比上升0.3%，制造业PMI初值升至56.2，高于预期。服务业PMI初值升至58.6，创逾两年高位。贸易逆差收窄至403.8亿美元，进出口双增长，内外需求均增强。失业率已下降至6.3%，低于美联储先前设定的调整宽松货币政策的阀值水平6.5%，就业状况持续改善。

美国经济发展预期良好。OECD表示，美国2014年第二季经济强劲反弹，全年国内GDP年化季率预计增长3.9%，2015年则加速至3.5%。联合国预测，2014年和2015年美国的经济增长率分别为2.5%和3.2%。IMF认为全球经济增长最主要的动力将来自美国，美国经济复苏加速将助推世界经济复苏，并称美国经济增长在2015年将上升到3%。

2. 欧洲：经济复苏呈现不均衡状态

欧洲经济小幅回升。尽管经历了2014年初乌克兰危机，但欧洲经

济复苏表现尚可，有所回暖，欧元区综合PMI从1月份的52.9升至53.3，创下2011年6月以来新高。支撑欧元区经济温和回升有几个因素：一是欧盟委员会、欧洲央行和国际货币基金组织的救助计划的实施以及经济结构改革的推进。二是受低利率政策和较低通胀水平的影响，欧元贬值，欧元区出口回升，内部消费增长明显。三是整个欧元区各国政府开支削减。四是德国强大的国内消费和企业支出。预计2014年28个欧盟国家GDP增幅会在1.5%至2.0%，欧盟委员会认为，2015年18个欧元区国家GDP将从2014年的1.2%上升至1.8%。

为保持金融稳定，支持经济实现持续复苏，欧洲央行继续维持低利率政策，保持宽松的货币政策环境。2014年经济发展依然面临严峻的考验，虽然经济形势有所缓和，但欧洲经济发展的不确定性依然较大，通胀率低于目标水平预示通缩风险上升的压力较大，欧债危机国家财政债务负担未见显著下降制约财政政策空间，部分国家失业率高位运行的状况未见改善预示宏观经济结构性问题依然突出，经济复苏增长内生动力不足的难题未见实质性缓解。同时，增长缓慢的世界经济也不利于欧元区通过扩大出口实现再平衡。另外，乌克兰地缘政治对欧洲构成较大不确定性，财政联盟等应对欧债危机的深层次措施未见实质性进展，欧洲经济短期难改疲软态势。

3. 日本：经济增速递减

在货币政策和财政政策的强力作用下，“安倍经济学”短期内发挥出激励功能，日本经济保持复苏性增长。但在实施一年后，刺激效应逐渐减弱，经济增速递减趋势明显。2014年一季度GDP环比增速为1.5%，年化达到5.9%，远远超出市场预计的4.3%，日本经济连续6个季度维持正增长。日本经济“通缩”风险出现减弱迹象，日元汇率逐步走低伴随出口稳步增长。然而，日本经济短期冲高重要原因在于2014年4月1日上调消费税（从5%提高到8%）导致一季度出现提前消费现象，消费税的实施对二季度的经济增长的下降压力，PMI低50

预示经济减速压力较大。进入4月，个人消费明显萎缩，电视、空调等家电产品的销售额比上年同期降低约20%，汽车销售亦受到影响，矿业生产环比减少0.6%，经济产生一定的紧缩效应。日本经济复苏的动能有所减弱。为最终摆脱通缩和促进经济复苏，日本央行宣布继续维持超宽松货币政策，同时决定将原本于3月底到期的“融资支援基金制度”延长1年，以鼓励银行业继续向企业放贷。此外，日本政府持续高涨的财政债务水平，不仅导致财政政策空间缩窄，而且促使财政债务风险升级，中日2014年以来的紧张关系对日本经济也构成外部冲击，使得日本经济前景预期看淡。

4. OECD：新兴经济体或拖累全球经济增长，集体进入调整期

2014年，金砖四国的经济增长预计为4.9%，比上年的4.7%增加0.2%。以金砖四国为代表的新兴经济体对于全球经济增长的贡献超过三分之二，但增长势头弱于发达经济体。新兴市场增长势头放缓的原因主要为：一是外部环境不如从前，原有的经济动力有所减弱，美联储缩减QE的行动和预期推升美元资产和新兴市场的套利成本、风险，引发资本外流。二是发达经济体积极推进“再工业化”，在保持高端制造业竞争优势的同时，也在一定程度上恢复了传统制造业的竞争力，其经济复苏与进口需求增长明显不同步，新兴经济体出口环境恶化。据世贸组织统计，2014年一季度美国、欧盟进口额分别下降0.1%和0.6%。三是新兴市场经济体从出口依赖转向信贷依赖，通过增加政府和私人部门杠杆水平增加内需，吸引大量短期国际资本流入平衡贸易逆差并支持国内信贷，经常账户赤字和财政赤字较高，在发达国家收紧银根的背景下，债务风险上升。四是内需增长动能不足，经济运行风险较高，其吸引外资的能力已经大大下降。五是频频出现的政治危机使得有些新兴经济体面临特殊困难。据世贸组织统计，以美元计价，2014年一季度印度、巴西进口额分别下降12.6%和0.6%，俄罗斯、南非进口额分别下降7.5%和7.2%。同时，新兴经济体结构调整伴随宏观经济减速，中

国主动调低经济增速助推增长方式转变，乌克兰事件构成对俄罗斯经济的减速压力。为走出经济困境，继续推动经济的可持续增长，部分新兴经济体通过结构性改革发现新的增长动力。加大财政整固力度，采取措施恢复国际收支平衡，进一步抑制进口需求。展望2014年下半年，新兴经济体基本面尚好，且发达国家的复苏为新兴市场持续增长带来利好，短期内有望继续保持增长态势，但内外环境的变化将促使新兴经济体持续分化。其中，中国增长相对稳定；长期依赖短期国际资本流入支撑经常项目赤字的印度、印尼、巴西等国家，可能受到外部需求下降和外资流出的影响，经济局势相对困难，甚至存在“硬着陆”风险。

（二）国内经济形势

2014年前三季度，面对错综复杂的国内外形势，党中央、国务院总揽全局、把握大势，坚持稳中求进、改革创新的工作总基调，科学统筹稳增长、促改革、调结构、惠民生、防风险，国民经济在新常态下运行总体平稳、稳中有进、稳中提质，国民经济继续运行在合理区间，前三季度国内生产总值419908亿元，按可比价格计算，同比增长7.4%。分季度看，一季度同比增长7.4%，二季度增长7.5%，三季度增长7.3%。分产业看，第一产业增加值37996亿元，同比增长4.2%；第二产业增加值185787亿元，增长7.4%；第三产业增加值196125亿元，增长7.9%。

1. 经济发展数据良好

（1）工农业生产基本平稳。全国夏粮总产量13660万吨，比上年增加475万吨，增长3.6%；前三季度，全国规模以上工业增加值按可比价格计算同比增长8.5%，增速比上半年回落0.3个百分点。分三大门类看，采矿业增加值同比增长4.8%，制造业增长9.6%，电力、热力、燃气及水生产和供应业增长3.1%。分地区看，东部地区增加值同比增长8.0%，中部地区增长8.5%，西部地区增长10.6%。前三季度规模以上工业企业产销率达到97.7%，比上半年提高0.2个百分点。1－8

月份，全国规模以上工业企业实现利润38330亿元，同比增长10.0%，规模以上工业企业每百元主营业务收入中的成本为86.06元，主营业务收入利润率为5.52%。

（2）固定资产投资增速放缓。前三季度，固定资产投资（不含农户）357787亿元，同比名义增长16.1%（扣除价格因素实际增长15.3%），增速比上半年回落1.2个百分点。其中，国有及国有控股投资112369亿元，增长14.1%；民间投资231509亿元，增长18.3%，占全部投资的比重为64.7%。分地区看，东部地区投资同比增长14.9%，中部地区增长17.8%，西部地区增长17.9%。分产业看，第一产业投资8642亿元，同比增长27.7%；第二产业投资150180亿元，增长13.7%；第三产业投资198965亿元，增长17.4%。前三季度新开工项目计划总投资303729亿元，同比增长14.4%。

（3）前三季度，全国房地产开发投资68751亿元，同比名义增长12.5%（扣除价格因素实际增长11.7%），增速比上半年回落1.6个百分点，其中住宅投资增长11.3%。房屋新开工面积131411万平方米，同比下降9.3%，其中住宅新开工面积下降13.5%。全国商品房销售面积77132万平方米，同比下降8.6%，其中住宅销售面积下降10.3%。全国商品房销售额49227亿元，同比下降8.9%，其中住宅销售额下降10.8%。房地产开发企业土地购置面积24014万平方米，同比下降4.6%。前三季度，房地产开发企业到位资金89869亿元，同比增长2.3%。

（4）市场销售稳定增长。前三季度，社会消费品零售总额189151亿元，同比名义增长12.0%（扣除价格因素实际增长10.8%），增速比上半年回落0.1个百分点。前三季度，全国网上零售额18238亿元，同比增长49.9%。其中，限额以上单位网上零售额2888亿元，增长54.8%。

（5）进出口增速回升。前三季度，进出口总额194223亿元人民币，以美元计价为31626亿美元，同比增长3.3%，增速比上半年加快2.1

个百分点。其中，出口104224亿元人民币，以美元计价为16971亿美元，增长5.1%；进口89998亿元人民币，以美元计价为14655亿美元，增长1.3%。进出口相抵，顺差14226亿元人民币，以美元计价为2316亿美元。

（6）居民消费价格总体稳定。前三季度，居民消费价格同比上涨2.1%，涨幅比上半年回落0.2个百分点。其中，城市上涨2.2%，农村上涨1.9%。分类别看，食品价格同比上涨3.3%，烟酒及用品下降0.6%，衣着上涨2.4%，家庭设备用品及维修服务上涨1.2%，医疗保健和个人用品上涨1.2%，交通和通信上涨0.1%，娱乐教育文化用品及服务上涨2.2%，居住上涨2.3%。在食品价格中，粮食价格上涨3.1%，油脂价格下降5.0%，猪肉价格下降4.5%，鲜菜价格下降1.3%。9月份，居民消费价格同比上涨1.6%，环比上涨0.5%。前三季度，工业生产者出厂价格同比下降1.6%，9月份同比下降1.8%，环比下降0.4%。前三季度，工业生产者购进价格同比下降1.8%，9月份同比下降1.9%，环比下降0.4%。

（7）居民收入稳定增长。前三季度，全国农村居民人均现金收入8527元，同比名义增长11.8%，扣除价格因素实际增长9.7%。全国城镇居民人均可支配收入22044元，同比名义增长9.3%，扣除价格因素实际增长6.9%。根据城乡一体化住户调查，前三季度全国居民人均可支配收入14986元，同比名义增长10.5%，扣除价格因素实际增长8.2%。全国居民人均可支配收入中位数13120元，同比名义增长12.1%。9月末，农村外出务工劳动力17561万人，同比增加169万人，增长1.0%。外出务工劳动力月均收入2797元，增长10.0%。

（8）结构调整取得积极进展。产业结构更趋优化。前三季度，第三产业增加值占国内生产总值的比重为46.7%，比上年同期提高1.2个百分点，高于第二产业2.5个百分点。需求结构继续改善，城乡居民收入差距进一步缩小。前三季度，农村居民人均现金收入实际增长快于城镇居民人均可支配收入2.8个百分点，城乡居民人均收入倍差2.59，比上年同期缩小0.05。节能降耗继续取得新进展。前三季度，单位国内生产总值能耗同比下降4.6%。

（9）货币信贷增势平稳。9月末，广义货币（M2）余额120.21万亿元，同比增长12.9%，狭义货币（M1）余额32.72万亿元，增长4.8%，流通中货币（M0）余额5.88万亿元，增长4.2%。9月末，人民币贷款余额79.58万亿元，人民币存款余额112.66万亿元。前三季度，新增人民币贷款7.68万亿元，同比多增4045亿元，新增人民币存款8.27万亿元，同比少增2.99万亿元。前三季度，社会融资规模为12.84万亿元，比上年同期减少1.12万亿元。

总的来看，前三季度我国国民经济运行保持了总体平稳、稳中有进、稳中提质的发展态势，但国内外环境仍然错综复杂，经济发展仍面临不少困难和挑战。下一阶段，要认真贯彻落实党中央、国务院各项决策部署，着力改革创新，着力转型升级，着力民生改善，保持宏观政策的连续性稳定性，适时适度预调微调，努力实现经济平稳健康发展。

2. 经济运行质量提升

（1）经济增长的内需动力在增强，投资、消费、出口三大需求关系趋于协调。过去我国投资、出口这两驾马车占的比重大，消费占的比重小，现在比较协调的三大需求结构是转型取得的进展。2013年全国居民人均可支配收入实际增长8.1%高于经济增长的7.7%。2013年投资和消费的贡献基本接近，在整个经济增长中消费、投资对GDP增长的贡献都在4%左右，净出口为负0.3%。

（2）第三产业发展活跃。服务业活跃的结果是就业容量扩大。2012年、2013年中国经济增长速度连续两年为7.7%，但这两年我国城镇新增就业分别超出了预期目标366万、410万。这些数字证明，服务业已经成为我国就业拉动的主要力量，这是转型的结果。

（3）经济增长质量提高。经济增长速度虽然放慢，但增长的质量提高。从企业角度看，优胜劣汰加快，企业亏损减少，利税和微观的效益都有所改善，这是经济增长质量提高的表现。从地区角度来看，中西部发展明显在加快，同时东部的转型升级在加快，高新技术产业、民间投资非常活跃，而且东部的采购经理人指数比中西部要活跃，这表明东部的转型升级找到了新的增长机制和产业依托。

3. 依然面临严峻挑战

虽然我国经济转型有了新起点，但在转型过程中遇到许多新挑战。

（1）经济运行短期和中长期的下行压力相叠加。从短周期看，正处在回升阶段，但从订单、贷款、从业人员、库存情况、采购经理人指数等预示未来几个月经济发展变化的先行指标来看，已经开始下滑。

投资、消费、出口三大需求通常是短期宏观调控的重点。信心不足导致民间投资意愿趋弱。2014 年 1－5 月，全国工业民间固定资产投资名义增长 17.7%，较一季度和上年同期分别回落 1.4 个和 3.5 个百分点；同期，民间固定资产投资增速为 19.9%，高于工业领域民间投资 2.2 个百分点。自 2013 年年初以来，工业领域的民间投资持续低于整体民间投资增速，反映出工业领域的投资信心偏弱。从企业家信心指数来看，私营企业与国有企业的差距有扩大趋势，2013 年底两者分别为 112.1 和 121.5，相差 9.4 个点，较前期扩大了 0.9 个点。民间投资与私营企业家信心指数的共同趋弱反映出受企业平均利润率下滑影响，民间投资信心不足，投资意愿较弱。

中长期下行压力主要关注三大供给：人力供给、资本供给、效率提高这三大因素决定中长期发展。从人力供给看，适龄劳动人口 2012 年开始绝对减少 345 万，人口学界预测到 2015 年中国劳动力零增长，人力供给增长率对经济增长拉动的贡献是零或负。再看资本供给，人口年龄结构轻的时候存钱多，意味着银行可以调动的投资来源就多。人口老龄化以后会发生很大的变化，这一变化有利于消费贡献上升。消费多了，储蓄相对就少了，储蓄率增长会放慢，意味着投资对于经济增长的贡献减弱。第三个因素是效率提高，它可以把下滑的因素抵消，甚至反弹。效率提高基本有五个方面：技术创新、结构优化、管理改进、劳动者素质提高、体制改革。如果在这五个方面都有比较大的动作，使效率提升的贡献把前面下降趋势给抵消了或让下降的势头弱一些，那么经济增长速度下滑就能够比较平缓。

（2）成本上升、产能过剩导致经济运行风险增加。劳动力成本、水电气成本、基础设施成本、治理环境成本都在上升，企业利润空间缩小，创新空间受到挤压。在经济下行风险加大的背景下，企业经营面临困境，尤其是产能过剩行业的风险愈发明显。需要注意的是，资金链的断裂很可能导致产能过剩行业的信贷风险大面积爆发，从而导致金融机构不良信贷的增加。虽然通过兼并重组等方式帮助产能过剩企业结构调整，但需要大量资金支持，这也使得金融机构处于进退两难的困境。

（3）结构性就业矛盾突出。我国适龄劳动人口已经开始绝对减少，而每年新增就业大学生却不少，2014 年 738 万人，但大学生与就业的需求不衔接，这是就业的结构性矛盾。我国中级技术人员和熟练技工、管理人员相比周边低成本国家要丰富得多、素质高得多，但相对市场需求和结构转型来说，还是太紧缺。

（4）企业运行成本上升，经济效益下降。成本高位运行挤占企业获利空间。由于受劳动力和原材料成本上升、市场需求不足、产能严重过剩等多重因素影响，企业经济效益大幅下降，生产经营面临较多困难。2014 年以来，规模以上工业企业每百元主营业务收入中的成本持续上涨，目前已由年初的 85.18 元上涨至 85.80 元。同时，企业财务费用同比增速高达 17.4%，增速较一季度加快 1.6 个百分点，较去年同期大幅提高 12.0 个百分点。企业成本的高位运行挤占了企业利润，使得企业利润率始终处于低位，2014 年 1—4 月主营业务收入利润率为 5.4%，与一季度持平，但与上年年底的 6.1% 相比仍有明显下降。

长期以来的高速度带来高效益，现在已经行不通。因此，企业、地方政府、中央财政收入一度出现大幅度下滑。测算表明，中国的 GDP

增长1个点，财政收入和企业利润加速度上升3到4个点。同样，GDP放慢1个点，二者加速度就会下行3到4个点。目前，传统的盈利模式以及政府资源配置的传统理念、传统办法都已行不通。

4. 2014－2015年经济发展存在下行压力

（1）新常态下中国经济增长速度放缓。当前，全球经济仍处于缓慢、脆弱的复苏之中，各国复苏步伐不一。在国内资源环境约束加强、国际经济复苏不稳定的双重压力下，我国经济进入经济增速趋向潜在水平、物价涨幅趋于适度、新增就业趋于稳定、经济结构趋于优化的“新常态”。

目前，我国政府显示出了推进结构性改革的强烈意愿，而且已经开始实施了部分结构性改革措施，在去杠杆化过程中，经济增速变化的路径有可能是一个“浅U形”。2014－2015年中国经济正处在由高速增长到中速增长的转换期，增长率维持在7%到8%之间。

由于中国经济处在“增长速度换挡期、结构调整阵痛期、前期刺激政策消化期”三期叠加阶段，结构性减速具有一定的必然性、复杂性和合理性，改革红利的释放也需要一个过程，预计2014年中国经济增长7.3%左右，增速比上年回落0.4个百分点。2014年的经济增速预测结果比2014年春季的预测下调了0.1个百分点，主要原因是房地产市场调整，占总投资四分之一的房地产投资的增速显著下滑；尽管政府加大了占总投资1/5的基础设施投资的力度，预计全年增长20%以上，但因融资制约、项目准备不足、投资回报率低等问题而难以完全对冲房地产投资增速的下滑。

预计2015年我国GDP增长7.0%左右，到2019年或将会低于7%，最终可能会稳定在6%到7%的中速水平上。其主要原因是：外需难以大幅度提升，消费总体平稳，投资因制造业产能过剩及创新技术相对不足、房地产库存较高、基础设施投融资体制制约等因素而难以长期维持高速增长，且投资效果系数及投资回报率在降低。

(2) 中国经济仍不乏增长点。尽管我国 GDP 增长率开始下降，但从全球范围来看，我国经济增速还是相当高的，而且绝对量每年还在上升，不会影响到 2020 年全面建成小康社会目标的实现，中国经济总量到 2020 年仍有可能接近甚至超过美国成为全球最大经济体。要实现这些目标，关键在于挖掘未来中国新的经济增长潜力。我国经济的一大增长点是城镇化。中国城镇化率未来至少还有 20 个百分点以上的增长空间，意味着还将有 2 亿多人成为城镇居民，这些人进入城市后其消费水平有望增长 30% 左右。另一大增长点在于产业和消费升级。2010 年，中国工业增加值增长率为 23%，而同期日本是 31.4%，美国是 38.5%。如果通过产业升级达到日、美目前的水平，我国工业增加值率就有 30% 至 70% 的提升空间。此外，目前，我国中等收入阶层比例为 20% 左右，到 2020 年，将可能升至 45% 左右，消费升级也将给我国经济增长带来潜力。

对我国而言，当前的问题是如何通过深化改革，把这些新增长点的大门打开。未来中国的增长潜力主要是通过部门内部和部门之间转型升级、优胜劣汰、全产业链管理而实现更高质量的增长。如果说过去我国经济主要是“铺摊子”，是粗放式经营，今后则要上台阶，要精耕细作。

二、中小企业发展的成就与特点

（一）市场主体发展迅速

1. 改革带动企业快速增长

2014 年 1 月至 9 月，全国新登记注册市场主体 920.24 万户，比上年同期增长 13.12%；注册资本（金）14.67 万亿元，同比增长 88.35%。其中，企业 264.8 万户，增长 52.44%，注册资本（金）13.42 万亿元，增长 99.76%。个体工商户 630.5 万户，增长 1.8%，资金数额 0.61 万亿元，增长 16.82%。农民专业合作社 24.95 万户，增长

21.72%，出资总额0.64万亿元，增长16.57%。

截至2014年9月底，全国实有各类市场主体6670.37万户，同比增长13.6%，注册资本（金）121.95万亿元，增长25.74%。其中，企业1732.58万户，同比增长17.92%。个体工商户4814.51万户，同比增长11.66%。农民专业合作社123.28万户，同比增长35.39%。

2. 新登记市场主体呈现五大特点

一是企业快速增长，增长数量持续稳定在高位。2014年1月至9月，全国新登记注册企业264.8万户，同比增长52.44%。内资企业262.03万户，增长53.12%。其中私营企业250.08万户，增长55.46%。外商投资企业2.77万户，增长7.41%。

二是产业结构持续优化，第三产业增长强劲。2014年1月至9月，全国新登记注册企业在三次产业数量分别为11.29万户、45.3万户、208.21万户，同比增速分别为38.4%、35.93%、57.47%。新增企业中第三产业占比达78.63%，增速明显高于其他产业，符合产业结构调整方向。

三是改革降低了企业设立的资本门槛，推动了信息技术等新兴行业快速发展。从行业看，2014年1月至9月，企业在信息传输、软件和信息技术服务业新登记10.36万户，同比增长98.5%；在文化、体育和娱乐业新登记4.61万户，增长81.99%；在科学研究和技术服务业新登记19.11万户，增长71.43%。

四是全国新登记注册外商投资企业规模提升明显，利用外资质量不断提高。2014年1月至9月，新登记注册外商投资企业投资总额1892.77亿美元，同比增长20.51%，注册资本1203.16亿美元，增长29.32%，其中外方认缴985.12亿美元，增长28.17%。

五是新增个体私营经济从业人员持续快速增长，对促进就业贡献显著。截至2014年9月底，全国个体私营经济从业人员实有2.4亿人，比2013年年底增加2165.73万人，增长9.91%。其中，第三产业个体私营经济从业人员增加最多，实有 1.7 亿人，比 2013 年年底增加 1738.27 万人，占增加总量的 80.26%。

（二）小微企业发展成就突出

小型微型企业是除大中型企业以外的各类小型、微型企业的统称，在我国个体工商户视作小型微型企业。小型微型企业数量庞大，已成为国民经济的重要支柱，是经济持续稳定增长的坚实基础。

1. 小微企业占市场主体的绝对多数，是经济持续稳定增长的基础

根据工商总局的统计，截至 2013 年年底，全国各类企业总数为 1527.84 万户。其中，小型微型企业 1169.87 万户，占到企业总数的 76.57%。将 4436.29 万户个体工商户纳入统计后，小型微型企业所占比重达到 94.15%。据统计，我国中小企业创造的最终产品和服务价值相当于 GDP 总量的 60%，纳税占国家税收总额的 50%，完成了 65% 的发明专利和 80% 以上的新产品开发。根据中国中小商业企业协会所做的问卷调查，68 家会员企业 2014 年共上缴利税 44549.5 万元人民币，平均每家企业上缴利税 655.1 万元人民币。

2. 小微企业成为社会就业的主要承担者

我国有劳动力人数近 8 亿，就业人数已达 7.67 亿。全国的小型微型企业，仅企业主自身一项就解决了几千万人的就业问题，加上企业雇佣员工，已经解决我国 1.5 亿人口的就业。新增就业和再就业人口的 70% 以上集中在小型微型企业。中国中小商业企业协会所做的问卷调查结果显示，2014 年 132 家中小企业员工总数 24467 人，平均每家企业员工数量达 186.8 人。

小型微型企业成为社会就业的主要承担者，主要表现在三个方面：

一是从资产净值人均占有份额上来看，同样的资金投入，小型微型企业可吸纳就业人员数倍于大中型企业。小型微型企业单位投资的劳动力（就业容量）和单位产值使用劳动力（就业弹性）都明显高于大中型企业。也就是说，相同资本投入，小型微型企业的就业岗位单位产出

最高。同样的资金投入，小型微型企业可吸纳就业人员平均比大中型企业多4倍至5倍。

二是从绝对份额来看，小型微型企业是解决我国城镇就业和农村富余劳动力向非农领域转移就业问题的主渠道。相对大中型企业，微型企业创业及就业门槛较低，创办微型企业所使用的资源少，对环境的适用性更强，新微型企业创办速度更快，从而使得数目众多的微型企业在总量上提供社会的就业机会更多些。按照新标准和第二次全国经济普查数据，加上有证照的个体工商户，微型企业从业人员占第二次全国经济普查全部法人企业从业人员的38.7%。目前，中国70%的城镇居民和80%以上的农民工都在小型微型企业就业。

三是从容纳就业人数的空间上来看，大型企业扩大就业的能力与资本的增长呈反比例的变化。随着大企业技术构成和管理水平的不断提高，加上企业的优化重组，大中型企业特别是大型企业能够提供的新的就业岗位将越来越有限，劳动密集型的特征正在迅速淡化，集中在轻工业和服务业的小型微型企业，成为新成长劳动力就业和失业人员再就业主要承担者。

小型微型企业在促进就业方面有着突出的贡献，是新增就业岗位的主要吸纳器。支持小型微型企业发展就意味着创造社会就业岗位，意味着使小型微型企业在解决民生问题、推进经济增长方面发挥更大的作用。

（三）民营金融企业发展潜力巨大

根据调查，我国目前民间金融发展总的状况是潜力巨大、发展迅猛、作用突出、问题较多、政策缺乏。

1. 民营金融企业发展潜力大、速度快

（1）民间金融潜力巨大。据《2011中国私人财富报告》发布的数字显示，中国个人可投资的资产约72万亿元，高净值资产人群59万人持有的个人可投资资产规模18万亿元。另据波士顿咨询公司（BCG）

的调研报告，2010 中国持有百万美元的家庭约 111 万户，全世界排第三。2011 年仅温州一个民间借贷市场规模就达 1100 亿元，相当于全市银行贷款的 20%，有 89% 的家庭、个人和企业都参与了民间借贷。按此推算，我们认为我国民间资本额不低于正规金融机构年存款 100 万亿的规模，利用各种方式相互借贷规模，不低于银行贷款总规模的40% ~ 60%。激活资金存量，民间资本是一个主攻方向。

（2）民间金融发展迅猛。主要形式有：通过家族、亲属、挚友之间相互借贷，尤其在企业初创期和流动资金需求方向，这种方式带有普遍性；以区域或集团性企业为主体的相互融资，主要投向较大规模的新办企业、房地产和高科技企业，带有风险投资的性质。如浙江泰顺县于 2014 年 6 月推出 15 个新项目，召集本县在外地开办批发市场的 247 家企业，一次性投资 147 亿元分包了这 15 个项目。近几年，民间融资机构和“网贷”异军突起，冠群驰骋投资管理（北京）有限公司作为很有实力、非常规范的民间金融服务机构，已在全国发展 200 多分支机构，已拥有 7000 人的专业队伍，服务了几十万家中小微企业，成为一个行业典范，经验值得推广。自 2007 年第一家网贷公司产生，到现在全国已发展到近 3000 家。

（3）民间金融作用突出。实践证明，民间金融对中小企业的成长发展发挥了独特的作用。主要表现在：基本满足了中小微企业初创时期的风险投资需求；挽救了一批资金链已经或将要断裂的中小企业，使其免于“破产”或倒闭，稳定了就业和社会安定；扶持了一大批创新型科技中小企业，使中小企业的技术创新项目达到占全国创新项目的 80% 以上，出口等货值达到 60% 以上；造就了一大批中小微企业由小到大、由弱到强发展为大中型企业；与正规金融机构初步形成竞争态势，有利于促进我国金融体制改革；促进金融机构“货币空转、资金错配、脱实就虚”问题的解决。

2. 民营金融企业发展存在若干问题及困难

（1）民间金融自身问题较多。民间金融在繁荣活跃市场经济，促进中小企业成长发展中发挥了很大的作用，也存在许多不可忽视的问题。有的为追逐资本利润放“高利贷”，一般的年利率在30%，比较高的达到40%～50%，甚至100%，致使一些中小企业还贷无力，求救无门而破产倒闭。有的从事“洗钱”行当，为贪污、受贿分子大开方便之门。有的开设地下“钱庄”，扰乱金融市场秩序。有的以高息高利为手段，大肆募集资金，进行金融诈骗、造假售假、恶意逃费债务等非法活动。这些问题的存在对发展民间金融有着极大的破坏力。

（2）发展民间金融政策缺位。我国民间金融在发展中存在诸多问题，有自身的根本原因，但也有政策上缺位的原因。就国家层面来看，始终没有把发展民间金融纳入大政策的轨道，至今没有一部民间金融发展的法规和政策。从金融市场的层面看，始终把民间金融活动视为“另类”，严控、严限，不得“入门”。从管理层面来看，对其发生的问题往往一而概之，严查、严责，甚至是取缔。民间金融的存在是客观的、现实的、不可或缺的，由于政策的缺位，处于资本追逐利益最大化的本能，在没有政策规范的环境下，民间金融只能自找出路、自我生存、自由发展，因而形成处理不完的问题和限不住、控不了又非常“烦恼”的被动局面。

（四）中小企业科技创新成绩显著

在对中小企业进行调查问卷时，我们欣喜地发现，中国中小商业企业协会会员企业在技术创新方面取得了较大进展，无论从企业研发人员占比、研发经费投入占比还是以专利为代表的研发成果数量来看，科技型中小企业都已成为我国科技创新不可或缺的力量。

一是中小企业自主创新意识有所提高，科技投入显著增加。根据中国中小商业企业协会科技质量部所做的问卷调查，会员企业中科技型中小企业技术创新投入占企业销售额的比重一般在5%左右，研发人员占员工总数的比例一般超过20%（57家科技型样本企业中，科研人员占企业全体员工总数的比例为29%），其中研发人员中硕士以上学历占比一般超过20%，且涌现出一批专职从事技术研发的科技型企业。

二是中小企业科技创新成绩显著。根据我会科技质量部的问卷调查，27家科技型中小企业共有368件专利，平均每家企业拥有专利13.6件。比如，中国中小商业企业协会清洁行业分会行业覆盖广泛，囊括了清洁剂、清洁设备等产品的研发、生产以及行业标准、国家标准的制定等领域，目前已经制定了8个行业标准、1个国家标准；百百阳采暖技术（北京）有限公司主要从事节能和采暖技术的研发和产品生产，目前已经拥有10多项专利。有些中小企业在引进国外先进技术的基础上，深度研发并获得专利，填补了国内空白。

三是科技型中小企业发展迅猛。中亦安图科技股份有限公司是一家致力于IT第三方运维服务的科技型企业，主要为金融、银行、基金、保险、证券等金融行业的客户提供服务，负责金融行业客户的数据中心基础架构的运维。该公司成立于2005年，注册资金3000万元人民币，净资产已达9000多万，2013年营业额已经达到2个多亿。目前，该公司已完成了股改，正在准备在创业板上市。北京全美汇科技有限公司是一家提供互联网推广服务的科技型企业，现有研发人员25人，占员工总数的80%以上，2013年销售收入2000多万元人民币，2014年将达到9000多万元人民币，一年之内翻了两番还多。

（五）探索出中小企业产业园成功发展模式——曙光模式

中小企业如何发展？当然，最有效的途径是集群发展。如何集群发展？最好的方式是建立中小企业产业园区。中小企业产业园如何定位？怎么建设？出身于中小企业的重庆曙光都市工业园建设集团有限公司董事长汪官蜀进行了大胆创新，并成功探索出一条适合中小企业集群、集约、集中发展的“曙光模式”，2014年6月，全国人大常委会副委员长陈昌智做出重要批示，要求推广曙光经验。

汪官蜀认为，中小企业要想在城市生存下来、发展起来，要建立起中小企业自己的园区，并要遵从三相融原则，一是中小企业产业园要与大企业相融；二是要与特色工业园区相融；三是要与城市发展相融。为此，曙光公司创立了中小企业产业园三化方针：土地资源利用集约化、中小企业产业聚集化、后勤服务体系专业化。曙光公司在具体建设园区时，倡导三生理念：既要完全的照顾到企业的生产，又要顾及企业和员工的生活，还要考虑到园区的生态环境，从三个方面打造园区标准，即生产、生活、生态三位一体标准。从中小企业产业园区发挥社会作用情况来看，曙光认发挥的是三手的作用：政府的助手，搭建企业与政府的交流平台；做好政府的二手工作，为企业提供服务；市场的推手，既要把园区建设好，又要帮助中小企业发展，形成企业产业链条；企业的帮手，改善企业生产环境，提供完善后勤保障服务体系，减少生产运营成本，为中小企业加快市场发展步伐等。

（六）小微企业特点明显

1. 投资主体和所有制结构多元，私营小微企业是小微企业的主体

小型微型企业涵盖城乡各类企业所有制形式，但国有集体、外资、私营企业中，小型微型企业比例各不相同，反映了我国国有集体、外资、私营三种不同所有制性质的企业类型的规模、资产及营业情况。外资企业中小型微型企业的比重最低，外资企业规模相对较大，仅53.94%的企业符合小型微型企业标准。国有集体企业主要存在于关系国家经济命脉的主导行业，投资规模较大，小型微型企业占61.39%。私营企业中小型微型企业的比重最高，80.72%的私营企业均为小型微型企业，构成了我国小型微型企业的主体。国家工商总局数据显示，截至2013年3月底，我国实有企业1374.88万户。其中，私营企业1096.67万户，占企业总数的近80%，据此测算，全国私营小型微型企业有885.23万户。而在小型微型企业内部结构中，微型企业占据绝对份额，小型企业占14.88%，微型企业占85.12%，小型与微型企业的比例约为1:5.72。小型微型企业特别是私营小型微型企业的蓬勃发展，说明我国市场经济体系日益完善，民营经济生存成长环境得到有效改善。

2. 劳动密集度高，两极分化明显，产业结构性矛盾突出

小型微型企业一方面敢于创新，各类新兴行业和新型业态不断涌现，另一方面又大多集中于以资源开发型、产品初加工型、服务低层次型为主的传统行业，呈现出“锄头与卫星齐飞，高端与低端并存”的现象。从小型微型企业的行业分布看，小型微型企业行业相对集中。工业（包括采矿业、制造业、电力热力燃气及水生产和供应业）小型微型企业占各类小型微型企业的18.49%，批发业和零售业小型微型企业占各类小型微型企业的36.44%，租赁和商务服务业小型微型企业占各类小型微型企业的9.93%。这几大行业中的小型微型企业共670万户，占小型微型企业总数的近三分之二。科技型小型微型企业（此处仅指信息传输业、软件和信息技术服务业小型微型企业）占各类小型微型企业的比重为4.62%。

小型微型企业低价格、低技术、低收益、低附加值的传统发展路径依赖，直接制约了其投入产出效益水平的提高。产业层次普遍不高导致转型升级意愿不高、难度较大。此类行业显著特点是技术要求低，竞争充分，市场趋于饱和，利润微薄，从行业本身发展前景分析，相关企业不具备迅速扩张的条件。部分企业由于经营压力，转型升级的愿望较强，但在资本、技术、人才、管理等转型升级的关键因素方面积累不足，相当数量的小型微型企业转型升级较为困难，小型微型企业的发展后劲和活力不足。

3. 发展不平衡，优势地区集中，具有明显的地域集群特色

从整体上看，小型微型企业的行业分布广泛，但是由于各地经济社会发展水平、产业布局和产业政策导向等存在区域差异，不同地区小型微型企业的发展水平和产业特点也呈现很大的差别。

首先，小型微型企业区域分布不均衡。从小型微型企业的地域分布看，东部11个省市小型微型企业占全国小型微型企业的比重为60.40%，中部8个省小型微型企业占比为20.35%，西部12个省区市

（广西和内蒙古因享受西部大开发政策，纳入西部地区统计）比重仅为17.23%。同时，产业分布也表现出地域性差异。如东部地区集中了三分之二的小微工业企业。

其次，小型微型企业产业集群的地区分布不均匀。这一特点既表现在国内不同地区之间，特别是沿海与内地之间，也表现在不同省份之间，甚至还表现在城乡之间。总体来看，小型微型企业产业集群程度与区域经济发展水平呈正相关性，市场经济发达、市场机制健全的地方，产业集群更加容易出现，而经济欠发达地区小型微型企业则比较分散，“散兵游勇单兵作战”较多。

最后，区域间分布不平衡呈缩小趋势。从近两年发展情况看，东部发达省市企业户数增长速度有所回落，西部地区企业实有户数发展速度相对较快，小型微型企业发展贡献了增量部分的四分之三以上。中西部一些地区也出现了产业集群化的趋势，或者说具有产业集群的雏形和发展潜力。

4. 敏感脆弱，易受外部环境变化影响，但具有较强的生命力和进取精神

小型微型企业因其自身规模小，抗风险能力弱，对外部经济、政策环境的敏感程度普遍较高。近年来，由于我国经济增速放缓、结构调整和国际经济下行，小型微型企业的发展受到很大影响。调查显示，仅有12%的小型微型企业表示在近几年营业额快速或高速增长（增长率30%以上），其余大多数企业经营发展缓慢。此外，小型微型企业在发展过程中仍旧面临大企业的挤出效应，尤其是宏观经济环境不景气的背景下，各种社会资源向大中型企业倾斜倾向更加明显。社会资源分配向已发展壮大的企业集聚，进一步挤压小型微型企业生存空间。问卷调查显示，46.84%小型微型企业反映市场需求不足、产品销售困难，58.08%反映市场竞争压力加大，23.74%反映订单不足。

另一方面，虽然小型微型企业发展面临种种困难，但小型微型企业

主普遍对未来的发展前景抱以积极乐观的态度，表现出锲而不舍的奋斗精神和顽强的生命力。小型微型企业的一大特点是退出成本相对较低，允许小型微型企业从头再来。调查中发现，有超过三分之一的小型微型企业主曾经有过多次创业经历，最终经过不懈努力，找寻到最适合的发展平台。小型微型企业一旦找到合适机会，会展现顽强生命力和进取精神。这种创业精神正是国家进步、经济飞跃的力量源泉。

三、中小企业的发展环境及面临的困难

（一）中小企业政策环境不断优化

1. 舆论环境继续优化

民营经济是我国经济主体的重要组成之一，是活力所在和潜力所在。只有加快发展民营经济，才能富民强国，才能提前基本实现现代化。这些已经成为全国上下的共识。各地把加快民营经济发展放在全面建设小康社会、提前基本实现现代化的战略高度，摆上重要议事日程，形成“党委统一领导、政府宏观调控、部门全力支持、企业自主发展”的工作格局。广大中小企业和中小企业家不断增强机遇意识、忧患意识和历史使命感，克服“小富即安”的思想，树立追求更高事业的思想境界，用更高的标准来要求自己，以只争朝夕、时不待我的精神状态，抢抓发展先机，规划发展蓝图，理清发展思路，把企业做大、做强，形成了心齐、气顺、劲足的良好氛围。越来越多的大型民营企业和知名企业家成为新闻媒体关注的焦点，经常作客各种媒体，介绍企业近况和创富感悟。一些主流媒体也开始从振兴民族工业的高度出发，做一些引导中小企业家进行深度思考的节目，如央视经济频道的《对话》等，不少中小企业家都表示经常收看这些节目，认为当前舆论环境好，节目对他们启发大。

2. 政府服务不断改善

长期以来，中小企业不仅在税收、就业等方面为我国经济社会发展

做出了突出贡献，而且也是当前科技创新、经济结构调整、产业转型升级的有生力量。各级政府历来高度重视中小企业的发展，采取了大量措施促进其发展并取得了显著成效。尤其是2014年以来，李克强总理在主持召开的国务院常务会议上，八次提到要加大对中小微企业帮扶力度，完善市场化运行长效机制，破解创新型中小企业发展难题，积极为中小微企业成长创造良好氛围。2014年9月11日，李克强总理在天津调研结束后，要求进一步降低小微企业税费负担，各级政府都要帮助草根创业者解决融资难、融资贵和开拓市场等“成长中的烦恼”，让小微企业展示大作为、实现大发展，带动更多人创业就业。

中小企业家普遍反映，目前我国各级政府部门对发展民营经济非常重视，中小企业能享受到快捷、良好的服务。各地政府均重视产权保护和市经济自由度以及法制建设。简化办事流程，审批容易了，监管跟上了。不少中小企业反映，他们都享受到了政府周到的服务，有的还能上门服务。

我们欣喜地看到，中小企业信用担保和再担保体系、国家创业投资基金等一系列解决中企业融资难题的措施将陆续出台，政策扶持体系日趋完善，发展环境越来越优化，中小企业即将迎来快速发展的美好春天！

3. 优惠政策力度加大

近年来，中央政府、地方政府加大了对中小企业和小微企业的支持，出台了多项支持政策。在财税方面，国务院常务会议决定，从2013年8月1日起，对小微企业月销售额不超过2万元的暂免征收增值税和营业税，这是自2009年危机以后再度为中小企业减负，有超过600万的小企业得到了优惠。经国务院批准，财政部和国家税务总局联合发文，从2014年的1月1日起，到2016年12月31日，享减半计征企业所得税优惠的小微企业范围上限，范围上限从6万元涨到了10万元。即使是有10万元应纳税额，也可以享受继减半增收，在税收方面给予中小企业大力支持。在金融方面，2013 年 8 月国务院发布了关于支持小微企业发展的实施意见，银监会在 2014 年下发了《关于小微企业金融服务工作的指导意见》，明确要求银行业、金融机构单列年度小微企业的信贷计划，并要求适度提高小微企业的不良贷款的容忍度。在基础设施等领域，国家也推出了 80 个项目对社会资本开放，其中很大部分对中小企业开放。

相信在这样的经济放缓的背景下，在一系列稳增长的措施和中央专门针对中小企业和小微企业的政策，特别是财税、金融、保险、信用体系等方面的政策，一定会给中小企业在比较困难的结构调整的阵痛的期间里以支持，帮助它渡过难关，找到自己未来发展的道路，创造良好的发展环境。

4. 金融服务不断创新

2014 年央行还印发了《关于加快小微企业和农村信用体系建设的意见》，对小微企业和工业园区等等加强信用体系的建设。另外，各级政府还通过打造大数据，全面整合各类数据，实施对电商金融的精准定位以及金融支持等政策措施。在保险支持方面，2013 年上半年，保险业一共为近 60 万家小微企业提供了大约 2 万亿的风险保障，有效增强了小微企业抵御风险的能力，也发挥了保险为中小企业的作用。地方政府也出台了程度不等的一些支持小微企业和中小企业发展的措施。工、农、中、建、交、光大、兴业 7 家商业银行（四大国有银行，交通、光大、兴业三家股份制银行）与被称之为新三板的全国中小企业股份转让系统签署了战略合作协议，打造面向中小企业的综合金融服务平台，这也是创新，有效破解小微企业和商业银行之间信息不对称的问题。另外，各地新设地方性金融机构，更是在金融创新、服务中小企业方面敢为人先，成效显著。

（二）依然面临重重困难

当前，国际市场持续低迷，我国传统产业产能过剩、市场需求不旺，而人力成本、原材料成本却在不断上涨，再加上各种各样的行政性收费，中小企业的利润空间被大幅度压缩。在做实业困难的情况下，中小企业将获得的民间借贷资金要么投入房地产，要么从事高利贷，玩击鼓传花的财富赌博游戏，产业空心化和投资炒作存在巨大风险，成了悬在中小企业头上、时刻都会掉下的达摩克利斯之剑。尤其是中小企业“税费重、招工难、融资贵”等顽疾仍然威胁着广大中小企业的生存与发展，使其负重前行，不堪重负。而政府扶持政策依旧存在贯彻落实难、对中小企业保护力度不够等问题，中小企业发展面临诸多困难。

1. 税费重

当前，中小企业需要缴纳的税收种类繁多，包括所得税、增值税、营业税、流转税及附加、印花税、契税等在内20多种。我会在调研中发现，就增值税而言，中小企业基本属于小规模纳税人，增值税征收率统一为3%，比之前的15%、17%，的确减少了很多，但小规模纳税人的进项税额不能抵扣，从而导致其实际税负要高于一般纳税人。据天津东方大智机械制造有限公司财务负责人反映，国家和地区目前对高新技术企业实施税收优惠政策，其科研经费可以纳入抵扣。但在该企业在与国外企业开展技术交流合作时，技术合作等非贸易付汇的所得税实际操作中无法抵扣，在源头扣缴时会造成不必要的税收负担。

此外，中小企业的企业所得税率较高。《企业所得税法》规定，居民企业所得税的税率为25%。年度应纳税所得额不超过30万元、从业人数不超过100人、资产总额不超过3000万元的工业企业或年度应纳税所得额不超过30万元、从业人数不超过80人、资产总额不超过1000万元的其他企业属于“中小型微利企业”，其所得税率为20%。但实际上，许多中小企业达不到这个标准，因此，几乎无法享受20%的所得税税率。

除了缴纳税款，中小企业还要承担教育附加费、水资源费、残疾人就业金以及工商、环保、卫生、质监、公安等部门征收的行政性收费。

尤其是在当前，一些地方政府为了防止财政收入下滑，不断征收过头税，大大加重了企业负担。有几种不当收税行为需要引起高度重视：一是“挖地三尺”，稽核历史旧账，收“漏税”；二是“寅吃卯粮”，把来年甚至以后几年的税提前征收，收“预缴税”；三是提高税率或收费标准，突击征税；四是取消一些企业的税收优惠资格，甚至把已倒闭企业的税款转嫁到尚在盈利的企业身上；五是巧立名目，滥收税费，一些地方甚至强制征收国家已明令取消的费用。

在利润空间低下的情况下，一些中小企业为弥补资金不足，只能从税收中逃一点，从员工那里压榨一点，使用一些灰色避税手段或压缩人工成本的方式以求自保，延续生存。

2. 招工难

随着“刘易斯拐点”的逐渐来临，中小企业职工加薪和体面劳动的诉求增加，劳动力成本呈显著上升的趋势。改革开放初期，我国靠几乎具有无限供给力的廉价劳动力创造了举世闻名“中国奇迹”，而这一神话因近几年劳动力成本的不断上升而被打破。据中国劳动保障新闻网报道，浙江省四成企业已连续3年出现“招工难”。

从行业来看，招工困难企业主要集中在劳动密集型的纺织业、鞋帽制造业、机械工业，以及有一定技术要求的通信设备、计算机及其他电子产品制造业。这些行业存在招工困难的企业占比均超过50%。另外，外向型企业也是招工难的重灾区，其招工困难企业的比例达44.3%，高于内销型企业9.9个百分点。因招不到工人而对生产经营造成损失的企业占84.8%，其中造成较大损失的企业占26.1%。

从区域范围来看，过去的“用工荒”通常只出现于劳动密集型产业聚集的沿海省份，而现在正向中西部省份扩散，一些传统劳务输出大省也出现了用工短缺现象。同时，新生代农民工成为农民工群体的主体，他们对工作环境、福利待遇、发展机会以及文化生活等有着更高的要求。

调查表明，近年来企业用工成本每年以20% ~30%的速度在提升，并且随着城市生活成本上升、员工维权意识的不断提高，企业普遍面临着“招工难、用工贵、留不住”的问题。中小企业熟练工人非常短缺，技术工人无序流动。一些劳动密集型的中小企业普遍反映招工难，留住技术工人更难。中小企业之间存在浮躁心态，“挖人”成为再简单的竞争手段。企业之间相互挖人，员工无序流动，对员工培训的钱经常因此而打了“水漂”。这一问题影响了企业正常的生产秩序。再加上资金、土地、原材料、环境保护和节能减排的压力，企业运营成本还会水涨船高，生存与发展空间受到制约。

3. 融资难、融资贵

“融资难、融资贵”，一直是制约中小企业发展的老大难问题。造成我国中小企业资金短缺、融资不畅的原因，大致分为两种。从企业自身来看，一是其资本基础主要是初始股东的自有资金，由于中小企业产品研发成本较高，产品销售受到销售渠道、认知程度和市场风险限制，因而中小企业初创时期资金周转能力较差；二是初创期的中小企业治理能力有限，加上外部监督和评估制度不健全，容易导致企业出现关联交易频繁、产权归属不明、财务造假等问题。这些问题的存在给金融机构评估带来了极大的不确定性。从外部融资环境来看，股票市场（包括创业板）较高的市场门槛与融资成本，都使得中小企业很难通过这一途径获取资金。缺乏必要的信用评级，也导致其缺乏从债券市场融资的能力。天津众达精密机械有限公司负责人反映，目前，银行融资是中小型企业除内源性融资之外最主要的融资渠道。但由于我国相关法律法规和信用担保体系不完善，许多科技型中小企业难以在贷款时提供符合要求的抵押物，而企业本身较高的风险属性又使其难以通过银行的风险评估，这使得中小企业获取银行贷款十分困难。

中小企业进行项目研发、产品生产、经营管理、市场推广、销售等各个环节都需要资金支持。中小企业由于自身资金实力有限，再加上融资渠道不畅通、融资条件和程序的束缚，导致资金缺乏严重，很多项目无法顺利开展，甚至难产或夭折，制约了企业的成长和社会经济的进步与发展。即使能融到银行资金，中小企业往往也需要付出较高的利息成本，支付百分之十几甚至二十几的利率，使本来就本小利薄的中小企业不堪重负。企业上市、发行债券等直接融资方式更很少眷顾中小企业。

在政府与保险方面也存在着对中小企业支持力度薄弱的问题。在许多发达国家，如日本、美国，都是通过政府支持下的金融机构间接融资，以及信用担保、信用保险系统的共同参与，来解决小微企业融资难问题。而目前我国信用保证保险发展中还存在不少问题，包括社会信用体系不健全、政府政策支持乏力、保险企业介入意愿不强、专业人才缺乏等。

实体经济融资难问题仍较难化解。目前经济整体态势走弱，银行风险偏好随之变弱。金融机构更倾向于将资金放在银行间市场获取无风险收益，而不愿投向实体经济承担风险。数据显示，2014 年 1－5 月，社会融资规模为 8.58 万亿元，比上年同期减少 5350 亿元。同时，2014 年一季度金融机构人民币贷款加权平均利率也从 2013 年的 6.65% 上升至 7.18%。此外，2014 年是信托集中兑付期，将有近 1.3 万亿的信托产品到期，企业融资难的程度将进一步加深。尽管像 2013 年一样发生年中“钱荒”的风险不大，但金融资源配置结构不合理所导致实体经济融资难的问题依然长期困扰企业。

4. 科技创新制约因素多

在我会科技质量部组织的科技型中小企业发展状况调查问卷中以及相关座谈会上我们发现，中小企业科技创新依然存在不少制约因素：

一是对科技政策了解不够。中小企业职工数量有限，跟踪科技信息及国家科技政策人手不足，因此，申报国家科技创新等扶持资金的企业寥寥无几，成功申报的科技型中小企业更是凤毛麟角。他们对国家科技政策的动态变化以及项目申报辅导有迫切的要求。有的企业成功申报过区级、省市级科技项目，但对国家科技项目感到神秘莫测，不知如何下手。

二是技术转化存在困难。部分科技型中小企业通过自主研发或外部合作、专利购买等方式，获得了先进技术，市场前景也十分看好。但是，不少中小企业苦于技术转化困难，无法实现产业化推广。比如，北京亿羽舜海科技有限公司是一家以做软件为主的科技型企业，拥有8个专利和一项国家发明，产品主要是视频监控系统，提供工厂定向的监控系统解决方案。但研发的技术产品经常会遇到转化困难，已经研发的技术一年半后都难以转化。其产品的应用领域特点是定向的，但其拓展性很强，往往是在一个行业推广比较容易，但是拓展到其他行业时就会遇到推广困难。比如，北钢联（北京）重工科技有限公司是一家优秀的技术研发型中小企业，2009年设立，主要研发非标产品和设备，尤其专注于新技术、新工艺和新产品的研发，每年服务1000家左右的中小企业，科技服务金额达到2000万元左右，其目标是打造一个中小企业通用的机械设备研发平台和技术交易平台。该企业迫切希望有更多的企业客户与其合作，获得更大的市场，以帮助更多的中小企业研发实用技术。

三是知识产权难以保护。相对而言，中小企业往往没有精力和财力设立专门的维权部门，无论是在法律保护意识还是在法律知识以及维权能力，都存在先天缺陷，在遇到法律纠纷时容易遭受经济损失，合法权益无法得到保护。北京安邦杰科技发展有限公司主要做公共卫生间环保节水设备研发、生产、销售业务，拥有实用新型专利有七八个，在北京行业中排名前10位。他们最头疼的是技术申请专利、产品投放市场之后，仿冒产品接踵而至，有的产品刚刚打开市场，利益就被别人窃走了。另外，有公司还遇到过一家深圳的骗子公司，被骗10多万元，找了很多部门都互相推诿。企业迫切希望有关部门给予支持，希望得到必要的法律服务。北京众义佳和科技有限公司也有同样的感受。该公司主要是做设备销售的，营业额已经达到6000万元人民币，目前遇到的困难是有技术但不敢投放市场，因为他们做了很多研发工作，投入了大量资金和人力，一旦上市可能几天就会被人复制仿造。

四是研发人才短缺。资金和人才短缺也是中小科技企业面临的普遍困难。科技型企业业务发展迅速，研发人员的数量跟不上业务发展需要。据北京全美汇科技有限公司反映，公司迫切需要大量研发人员，凡是在这个行业做过半年以上的研究人员就算是有经验的老手了。公司发展太快，研发人员远远跟不上企业科技创新的需求。

四、进一步促进中小企业发展的政策建议

（一）大幅度降低中小企业税费负担

一是尽量压缩中小企业税收种类，并按照就低不就高的原则征收各个税种；二是借助“营改增”税制改革，尽可能降低中小企业的流转税负；三是进一步清理各种乱收费行为，将收费标准透明化、规范化并逐步纳入税收轨道；四是严令禁止各种针对中小企业的预征税、突击征税、高标准征税等不法行为，一旦发现，应予以严处理。

（二）切实解决小微企业融资贵问题

缓解中小企业融资难、融资难是一个系统性、综合性的社会工程，其中银行、政府、各类投资者以及中小企业自身都是局中人。首先，要进行制度创新，尽早放开存贷款利率限制，加快利率市场化步伐。其次，大力发展为中小企业服务的金融机构，特别是大力要发展小银行、村镇银行和小额贷款机构，允许民营资本进入，允许地下钱庄等民间金融合法化。第三，给予中小金融机构优惠政策，实行差异化管理，比如降低准备金率、放宽呆坏账核销的范围，在营业税和各种费用方面给予优惠等，鼓励其加快发展，提高其服务能力。第四，行业协会要继续加强与银行以及小额贷款机构的联系，建立与担保公司和信托公司的战略联盟，搭建融资平台，帮助中小企业打包增信。同时，进一步提高企业信息数量、质量和识别能力，使企业评估更加

专业和准确，并将评估过程以标准化方式固定，提高中小企业的资产质量和价值，降低市场中信息不对称程度，提高市场对企业价值的发现能力。同时，依托信用评估机构对中小企业进行专业信用评级，并把优秀企业推荐给金融机构，以解决中小企业融资难问题。

（三）有效缓解中小企业人才缺、招工难问题

针对中小企业招工难问题，可采取以下措施：一是鼓励中小企业进行技术改造，提高企业信息化、自动化水平，加快企业装备更新和技术升级，以减少用工数量；二是鼓励中小企业对员工进行技术培训，提高员工工作效率。对于中小企业员工培训费用、技术改造费用以及其他科研开发费用，政府可按一定比例给予税款抵扣政策优惠，从而在一定程度上缓解招工难问题。三是建议国家有关部门建立中小企业科技培训基金，委托专业机构，对中小企业进行科技人才培训；整合国内一流科研院所、科技企业、中关村科技园区等科技创新资源，与中小企业进行技术和市场对接。包商银行的人才培养经验值得借鉴。

（四）提升中小企业的科技创新水平

一是国家有关部门应给予高度重视与政策倾斜。主管科技创新政策制定和项目审批的国家有关部门应高度重视中小科技企业发展，深入了解中小企业科技创新需求，建立与中小企业的固定联系机制，在经费扶持方面向中小企业科技创新进一步倾斜。二是要充分发挥行业协会的作用。行业协会要加强科技创新政策宣讲与科技创新项目申报辅导，通过举办座谈会、宣讲会、单独辅导等方式，对中小企业进行科技政策解读、科技发展政策培训以及科技项目申报辅导，让更多中小企业获得科技政策信息并获得科技创新项目扶持。

（五）为中小企业提供法律服务

行业协会可出面组织，与知名律师事务所建立战略合作联盟，为中小企业提供优质低价法律服务；协会要积极协调国家知识产权执法部门，尽快解决中小企业科技创新过程中的知识产权保护问题。

主要参考资料

［1］国家工商总局全国小型微型企业发展报告课题组：《全国小型微型企业发展情况报告》。

［2］国家工商总局：《2014 年 10 月全国市场主体发展报告》、《前三季度市场主体发展、市场监管、消费维权基本情况》。

［3］刘世锦：《努力促进经济运行向新常态平稳过渡——2013 年经济形势分析与 2014 年展望》。

［4］卢中原：《对 2014 年中国当前经济形势分析与展望》。

［5］中国中小商业企业协会：《2014 年中国中小商业企业问卷调查分析报告》

［6］中国中小商业企业协会：《决策参考》2014 年第 1－10 期。

2015年中国经济发展趋势分析

邱晓华
著名经济学家

一、2014年中国经济的运行情况

谈2015年中国经济，首先谈一谈2014年的中国经济，我有五个看法。

1. 即将过去的一年，可以说是中国经济近期一个最为艰难的年份，特别是实体经济处于有可能是改革开放以来最为艰巨的一年。主要表现：一是生产缺失各种必要的支持条件；二是销售缺失基本的市场需求，所以生产减缓，销售困难，成为实体经济2014年最困难的一个特殊表现。直接结果表现在效益持续的下降。

2. 2014年尽管有各种各样的困难，但是整体上看，2014年还是有惊无险，大体上实现年初确定的预期目标。过去的一年，国际上三件大事扰乱了世界经济的格局：（1）俄罗斯与乌克兰之间的矛盾，引发了整个西方世界与俄罗斯之间严重的对立。（2）宗教极端势力伊斯兰国扰乱了中东地区的政治经济格局。这些对于中国还是有好处的，因为毕竟又再一次把西方的注意力吸引到了这两个地方，对中国来说，减轻了外部的一些压力。但对整个世界经济、政治来说，还是造成了不利的影响。（3）埃博拉病毒，它的危害性在于变异特别快、传染特别快，暂时没有找到治理办法，但埃博拉病毒让美国人中招了，一些美国人受到了这些埃博拉病毒的影响。这个事件可以这么说，什么事情让美国人摊上，这个事情迟早有救。可以看到现在已经找到了有效的防范和治疗的疫苗，而且通过了人体实验，很快就要投产。但是这个病毒对整个非洲地区的经济和社会的稳定发展，还是造成了不利的影响，也对整个世界的消费、旅游等各种经济活动带来了不利的影响。

国内也有三个问题，一直比较令人担忧，但是最终还是有惊无险：（1）地方政府的债务平台，从 2013 年开始，大家就担心会不会引爆债务危机，目前来看还是得到了有效的控制。（2）各种各样的影子银行业务，这几年快速扩张，会不会出现违约、支付危机，也有一些局部的事件爆发，但是最终也没有引发全局性的违约事件，所以金融危机也没有像预期的那么突出地反映出来。（3）房地产方面，确实一度存在投资增长明显下滑、市场销售明显下降、库存急剧上升的困难阶段。但是随着政府的一些调整措施的出台，包括取消限贷、限购，这些问题虽然也很突出，但是没有严重到出现整个房地产崩盘的危险状态。

因此，在过去的一年里，国内虽然也是各种事件层出不穷，但是最终我们现在只剩下最后一个月，大局基本已定。GDP 一季度增长 7.4%，二季度是 7.5%，三季度是 7.3%，前三季度平均 7.4%，全年我估计也就是在 7.4% 左右的增长速度，因为四季度估计整个净增长还是 7% 以上的，应该说 2014 年全年离预期目标还有一点差距，但是相对比较平稳的发展态势。所以我把它称为及格。

3. 各项改革陆续出台，能不能把 2014 年称为中国全面深化改革的元年。目前来看，从社会领域到司法领域，到经济领域，到国防领域，各个方面的改革都陆续推出，从高考的改革、取消劳教、金融领域的自由化、降低门槛、引进民资，到利率的市场化、汇率的国际化，这几方面的改革，2014 年都取得不错的进展。整体上拉开新的改革序幕，一些措施取得了明显的成效。比如说公司注册资本改革，公司注册资本曾经是影响企业家们最突出的一个因素。

曾经有不少企业家由于原来的制度甚至遭到了牢狱之灾，注册资本不实随时被抓到把柄。而今天这一切都改了，公司注册资本不需要一步到位，注册资本也可以用于日常其他的事情，这些都已经不成为罪状了。所以2014年以来，大家看到有六百万到七百万中小微企业诞生了。这应当说是2014年简政放权改革所带来的一个最大的变化，也就是人们创业的门槛更低了，创业的自由度更大了，只是现在由于各种各样的因素，高利率、高税负还严重影响了企业的正常运行，对于小微企业来说，税负还是降低了不少，但从普遍性角度来说，企业的税负还是比较突出的。尤其是利率，尽管已经降了一次息，但对大多数企业来说，根本无法得到所谓的平价贷款，6%左右的贷款利率，大多数企业是无法享受到的。多数企业拿到的利率都是两位数，两位数有时候还拿不到。这是影响企业正常生产经营的一个最突出的问题。融资难、融资贵这种问题至今还没有得到有效的解决，对多数领域的企业来说，都面临着这一突出问题。

不管怎么说，整个国家层面，方方面面的改革都开始陆续推出。可以预期，随着各项改革逐步地推出并落定，一定会对未来的中国经济和政治、社会、文化、生态各方面带来影响。因为实践将证明，改革是决定中国命运的最有效的办法。只有改革，中国才会有出路。只有改革，我们的面貌才会发生新的变化。这一切正在逐步地推进，我们可以预期一定会产生积极的效果。

4. 通货膨胀相对温和。在某些领域，还出现了结构性的通缩，两个指标，一个指标是通胀，2014年表现是比较温和，年初确立的目标是3.5%，而且实际结果是2.3%到2.4%之间。这样的通胀水平对一个国家来说是很温和的。另外一个指标是通缩，出厂价格已经连续32个月下降，在一定意义上反映出了结构性的通缩现象。这有两方面的原因：一是市场缺乏足够的需求；二是企业无法获得更好的效益，因为价格达不到它的预期目标，直接影响到利润的增长。我想这是要引起大家的重视，不能持续这么长时间让工业品出厂价格都在下降的通道，这是需要扭转的。扭转需要靠两方面：第一靠市场有必要的需求；第二要靠企业改进产品，不断地开发新产品，提升产品的质量，通过这个来缓解工业品出厂价格的明显下降。这应当是需要着力解决的。

5. 强力反腐取得了明显的成效。可以说反腐的三阶段，第一阶段不敢腐的阶段已经取得了明显的成效。在大力度反腐的作用下，我们看到了在公权范围内乱作为现象已经明显地得到了整治。这应当说对于未来企业的营商环境还是会起到积极作用。当然不可否定的是在强力反腐的背景下，我们政府，特别是基层政府的运行节奏、效率是在放慢和下降的。现在流行这样一句话，大干不如小干，快干不如慢干，慢干不如不干，保护自己的安全是第一的。这种不作为的消极倾向在不少地方都不同程度地存在。因此反腐有可能在未来要进入到第二个阶段。第二个阶段就是治理不作为的阶段，也就是不能腐阶段的制度建设，通过制度建设把公权力关到笼子里，在阳光下运作，达到这样的效果。

四中全会有一个最突出的变化，就是检察院原来都是主要着力于解决乱作为和各种违法的腐败现象，但是四中全会对检察院又赋予了一项新的职责，就是对政府官员不作为也要进行检查。也就是说，未来政府官员在自己的职责范围之内不作为这种现象也是违法的。这可是一个非常非常有积极意义的变化。地方官员在自己的岗位上不作为，检察院同样可以把你抓起来，这就是一个很突出的变化。预期未来的反腐将会进入到第二个阶段，治理不作为阶段。随着这个成效得到明显地反映，我们的反腐败会进入第三个阶段，不想腐的阶段，这是一个漫长的过程。如果公权力还是得不到监督，各级政府掌握的资源还是过多，各种市场经济下的负面因素，就必然会影响到政府行政人员的秉公办事。所以要真正达到不想腐还有一个漫长的过程。这需要社会方方面面继续在制度方面进行改革，也需要让腐败的机会成本很高很高，要去腐败，就要付出沉重的代价。这才能让他不想腐，换句话说，在公权力领域里工作的人也能够获得足够的社会荣誉、经济利益做保证，让他失去公权力的岗位可能就要付出极为沉重代价的话，他可能就不想腐。这个成本如果还是很低，就很难做到不想腐，反腐败还是一个需要不断深化、不断推进的过程。只要坚持不懈地抓，我国公权力的应用一定会得到更有效的监管，一定会更在阳光的环境下运作，让整个社会风气、整个市场经济的营商环境得到明显改善，这是可以期待的。

二、2015 年中国经济展望

(一) 为什么有底?

看看 2015 年，为什么说有底没有高度呢？第一还是有底，基于五个理由。

1. 货币政策还有空间。现在降了一次息，可以预期未来利率的下降还是大概率事件，银行存款准备金率的下调也是一个大概率的事件，银行贷款正常的增长也是一个大概率的事件。因此，从增加改善全社会的流动性、降低企业的融资成本、提供更方便的融资环境方面来说，政策的灵活性还是会进一步体现出来，它的效益也会逐步释放出来。如果是这样，一定对经济的稳定是有积极的作用。

2. 财政政策还有余地，可以预期还会继续实施积极的财政政策。从三个方面来看：

（1）政府的发债，这方面还会不会有余地？尽管我们担忧地方政府的债务已经比较高，但是从全社会的角度来看，政府的债务其实还处在一个可控的范围。可以算一下，地方政府的债务 20 万亿左右，中央政府的债务 10 万亿左右，这样 30 万亿左右的债务，还有各种隐性、缺位的由政府承担的负担算起来，可能还有 10 万亿，中国政府承担的债务额有 40 万亿左右。我们的经济总量，2014 年是 50 多万亿，假如增长 7.4%，那么 2015 年的经济总量有可能达到 60 万亿。债务负担率 100 是一个国家政府和各个方面债务负担的所谓的可控区间和安全线，超出这个线就是不安全。换句话说，要达到 100，经济就算不增长，也有 20

万亿的余地。更何况2015年经济还会增长，加上一些其他因素，至少还有余地。在发债方面，可以预期2015年从中央到地方政府都有余地。《预算法》已经做了修订，2015年要实施新的预算法，允许地方政府经过一定的程序发债，十八届四中全会提出地方政府公共事业建设的资金可以通过发债来筹钱。对地方政府来说已经打开了发债的通道，只是要根据各种条件来评估。没有超过百分之百财政经济承受力的可以发债，超出这个水平就不行。对于中央政府来说，10万亿的债务余额，加上隐性的，还不是一个很大的数量。所以像美国政府可以将近20万亿美元（相当于100万亿人民币）的债务，中国是第二大经济体，我们的债务比美国还是小很多，从这个角度讲中央政府财政也还是有余地的。

（2）赤字。目前的财政赤字率是2.3%左右，国际公论的安全赤字率是3%，还有将近1%的余地。可以预期2015年赤字可以维持一个大的规模，不会明显收缩。这对增加政府的投资也是一个积极的因素。

（3）有没有减税的空间？目前来看，减税肯定是有空间的，但是要看到另外一方面，加税也是离我们越来越近。资源税、环境税，正在酝酿的房地产税等，即使刚刚过去的几天，油价下跌，又调高油气的消费税，我们的政府在降税方面还是很小气。这是可以理解的，就像一个人不会轻易让他拿到手的钱减少，刚性的收入都不愿意轻易放弃。这和每个人降工资都不高兴一样的道理。其实政府从各个角度来说，还是应当给企业和个人适当的降低税费。从综合角度看，中国的税负在世界范围内是中上水平，和发达国家相比，我们略低北欧国家，比其他发达国家高。发展中国家中我们也是处在比较高的水平，从理论和必要上看，减税还是应该做的。但是由于政府的职能转变还不到位，还有那么多的和尚在庙里念经，因此这个税负减不下来。只有拆掉这个庙，减少念经的和尚，才可能把税负减下来，要不然这么多人在里面，都要从企业、从老百姓征收一些税费养活这些人。其实我们的公务员队伍在世界范围比都是庞大的。在历史上也是处在一个最高的水平，完全可以借助政府职能的转变，通过政府办事效率的提高来精减人员，但是现在来看难度很大。所以减税虽然理论上有空间，实际上有必要，但是综合算下来，可以预期企业所承担的税费负担不会有大的变化。我们唯一能做的，也是政府力图在做的，是减少各种税之外的收费，这也是压在企业头上一个沉重的负担。各种各样的收费，可能比一些税还严重。现在来看，政府也在逐步采取一些办法，减少各种各样的评比，减少各样各种的门槛，减少各种各样的收费，对于企业来说都是有利的。

3. 行政体系仍有力度。行政推动经济增长是中国特色的一个突出的特点，2014 年反腐推动力有所减弱，效率有所下降，2015 年治理不作为，可以预期这种高度集中的行政体系会在一定程度上变为推动效率提高、决策效率提高，这种政策落实的节奏会加快。

在强力反腐的态势下，现在和政府打交道，政府的脸色好看了，门也好进了，但是事并没有好办。过去是一顿饭、一个活动就能解决的问题，现在只欢迎到办公室来，门是好进，笑脸相迎，但是企业递交的报告都是接过来，研究再研究，在一些地方政府办公室桌上提交的报告堆积如山，效率降低，谁都不愿在风口上成为被治理的对象。不干风险小，干就风险大，现实中也是存在的。

4. 经济运行存有惯性。今天的中国经济基本面还没有改变，什么是基本面？就是工业化、城市化、信息化、区域化这些基本的发展趋势，在眼下的中国和未来的中国，依然是推动中国经济前行的最主要基本力量。现在改变的只是速度、程度，趋势还没有改变，因为中国的工业化才刚走完三分之二的路程，我们依然处在工业化的进程中。我们的城市化才刚走了一半的路程，这一半还是不达标的一半。大家知道在这一半里，我们的城市化是 53% 到 54% 之间，有两亿多人按照严格的标准衡量，还不属于真正的城市化人口。因为这两亿多人在就业、医疗、教育、住房诸多方面和严格的城里人相比还没有得到基本的权利。所以从这个意义上说，这些人还只是准城市化人口。可能住在城里，在城里也有一些事情做，但是并没有被赋予享受政府公共服务的权利。所以真实的城市化水平估计不到 40%，离一般发达国家 80%，还有漫长的路要走。信息化进程，我们和世界处在同一起跑线上，是没有差距的。

区域化才刚刚破题，西部开发、中部崛起、东北振兴，这些区域化的措施才刚拉开序幕，还没有全面地落实，特别是近期提出的区域协同发展，长江经济带、丝绸之路经济带、环渤海经济带，包括京津冀等，这些都刚刚破题。所以对中国来说，增长的能量并没有完全释放出来，只是由于到了一个新的发展阶段，原来推动工业化的路径、推动城市化的路径、推动区域化的路径或者模式，需要改变。有工业化，可能不再忽视环境。工业化不能再靠拼资源消耗。城市化也是一样，不能只靠建各种各样的建筑物来城市化，要真正的以人为本的城市化。所有这一切都需要改变，但改变肯定需要一个过程，尽管经济基本面没有改变，但速度慢了，这是一个可以显而易见能够理解的问题。

5. 底线思维已经成为惯性，成为共识。政府托底，这样一个底线思维成为共识。底线是多少？7%左右是政府在经济政策体系中的一个底线。2014 年下限是7.5%。2015 年可以预计底线不会改变，下限会适当的下调。有可能两者重合，可能提一个 7%左右，作为目标，不会再提7.5%，但这只是猜测。因为已经看到，专家学者在呼吁下调增长预期目标。政府管理部门也在说不要定那么高，增加工作的难度和压力。政府的领导人也在说，7.5%，左一点，右一点都是可以的。对速度也不是非要有一个坚守不变的变化。所以在 7%左右，应该说各个方面都在形成一定的共识。这样 2015 年可以预期就会按照7%的底线来守。

（二）为什么没有高度?

四点理由。从整体上看，中国经济的困难期还没有结束，正处在一个转型升级、爬坡过坎的关键困难期。经济的转型升级还没有完成，爬坡过坎还没有过去，因此经济运行中企业的难度还是会继续存在。

1. 发展迈入中等收入新阶段，在这个阶段原有经济体系，主要是生产体系需要重新构造，原来适应低收入阶段市场那套生产体系必须改变，不改变就没有出路。因为市场提出了新的要求，要更环保，更高档，更安全。一句话就是要求符合在现在的收入水平上对消费的新标准。如果生产体系还是生产那种解决温饱、满足短缺需要的产品。肯定是不适应的。生产体系需要重新构造，这种构造需要时间，需要过程。在这个时间还不够，过程还没有完成之前，经济增长不可能达到一定的高度。

2. 市场进入了商品宽裕的新环境，过去是短缺的市场环境，现在已经基本告别了短缺。在多数领域都出现产能过剩。在这样一个新的环境体系，政策体系需要重新创新，因为目前的政策体系是在适应短缺这方面很有经验和办法，但在市场相对宽裕，产能相对过剩的情况下，政策体系和政府的宏观调控就缺少办法，缺少经验。显得很被动，它的直接结果就导致了政策不稳定。

在这一两年时间里，最多的问题是政策变化太快，这种政策多变带来直接的后果就是预期不稳定，预期不稳定经济行为就不确定，投资方不敢轻易地投，消费者不敢轻易消费。这就产生了所谓的市场内在需求收缩。这需求理论上称之为避险收缩。因为企业会想当政策一变我就多付出了，显然就会观望、徘徊、等待，这种现象称之为为了规避风险，所以把本来需要实现的需求暂时不实现，这叫内生性的避险需求收缩。导致了市场需求不足，因此经济缺失需求，增长就不高。

3. 开放面临多重竞争新压力，对外经济体系需要调整。哪些压力？发达国家再工业化，发展中国家加快工业化，这两大压力在资源市场、资金和技术等多方面给中国带来了新的竞争压力。而整个经济的发展水平在对外经济领域里，是高不成低不就。和发达国家相比较，在高档商品的高端制造方面和高档服务方面，和发达国家不在同一起跑线上。发达国家再工业化，必然在工业品的方面和我们形成竞争压力，我们达不到那种技术水平。所谓的低不就，原来靠低成本生产低端的制造业产品，现在发展中国家加快工业化，它们在整个生产成本方面又比中国有更高的竞争优势。所以低又不成了，高不成，低不就，这是我国目前面临的一个新的困难。

4. 政府领导人对速度宽容度提高。现在的领导人对发展经济方面，有新的考量。要理解这个时代，要从两方面去把握：

（1）要理解百姓，看一看目前中国的老百姓在想什么，撇开各种各样的想法，抓住其中的关键，看看是不是四个方面越来越迫切？①对财富的渴望。希望更多的钞票，过上更富裕的生活。这种愿望越来越强烈，而不是像过去解决温饱的时候，希望能够吃饱穿暖。②对安全有更高的期待。希望餐桌上的食品安全有保证，希望天更蓝，空气更新鲜，环境更加安全，也希望在社会秩序方面有更安全，外出更安全，当然也希望自己的工作环境更安全。所以对安全的希望越来越迫切，不希望处处受到安全的威胁。一句话对生命的追求比过去更强烈，希望活得更长。③对公正有更高的诉求。希望在就业、医疗、教育、司法、社保等各个方面能够得到更公正的待遇。活着要更加体面，更有尊严。活好、活长、活的有尊严，现实这种不公平的现象太普遍，所以老百姓呼唤改变。④对自由有更高的要求，希望活着更自由。希望真正成为这个国家、这个社会的主人，对国家事务有更多的知情权，有更大的参与权，更高的监督权，对自己的事物有更自由的安排权。财富、安全、公正、自由，一定会越来越成为大多数老百姓新的期待和诉求。顺应民意，就要先理解。这个时代正在发生着变化。

（2）要理解领导人。人们是创造历史的动力，但是也不要忘记领袖是引领变革的先锋。领袖在想什么，对理解这个时代也很重要。过去说毛主席让中国人站起来，邓小平让中国人富起来，习大大是不是可以让这个国家强起来？强国富民构成了中华民族全面振兴“中国梦”最核心的内容。“中国梦”是领导人要去追求、实现的，这是领导人想的。怎么圆这个梦？治国理政会有哪些新的举措？从这两年的实践来看，可以这么来推断和猜测。第一，在传承毛泽东思想的一些光辉方面，传承他的优秀思想。中国的很多问题在认真地分析之后，还是觉得在治理党和军队，乃至治理国家，毛泽东思想中还是有很多可以传承、发扬的优秀方面，关键的两点：枪杆子和笔杆子。可以看到领导人在国防领域的改革力度，加强力度。看到领导人把一百多个将军带到了古田会议旧址去重温历史，把党的建设放在于廉洁方面具有历史意义的会址上，治理军队。笔杆子，是在宣传舆论领域，全面加强管理，把那些散播负能量的人，所谓的大V都抓起来，我们要传播正能量。因此就要看到，我们的领导人在一些方面确实在传承着毛泽东思想的光芒。第二，是在传承邓小平理论，也就是经济建设方面，传承了市场化改革的精髓。十八届三中全会明确提出，要让市场在资源配置中起决定性作用。何为决定性？不就是起关键的作用吗？向市场放权的改革力度在加大。另一方面，对外开放的力度也在加大。中间是不是也能够总结出几个核心的关键词？那就是老百姓的钱袋子，老百姓的米袋子。关心老百姓的钱袋子、关心老百姓的米袋子，当然这个钱袋子是财富，米袋子并不是简单的粮食问题，而是生活质量、生活水平。看到新一代领导人更关注民生、更关注社会的公平正义的趋势。

5. 增长动力。要靠什么保住7%，守住7%？如果中国经济能够真正进入到这样一个阶段，那是真的是新时代开始了，因为发展已经进入到成本不断上升的阶段，也已经进入到档次升级阶段、结构均衡阶段、民生改善阶段和开放深化阶段。应对新阶段的最有效的办法，当然是改革和创新。改革和创新是新一届领导人说的最多的两个词，但是谈改革容易，谈创新也容易，要真正落地，不是那么容易。所以从眼下来看，2015年的中国经济可能还是靠投资和消费双驱动，从投资角度讲，政府有投资的偏好，这是政府最可控盘的一个方面，政府加快铁路审批、加快水利审批等，核心就是投资，要稳定增长。投资有空间，中国还不是到那种没有投资空间的状态，缩小城乡差距还需要很大的投资，提升传统产业需要很大投资，发展新产业需要很大投资，改善民生需要很大投资，空间还很大，即使加强国防也需要很大投资。哪怕是改善环境，也需要投资。环保产业未来是一个十万亿级的市场。

投资的方向在2015年或者未来一段长的时间，有三个方向：①基础设施的基本建设，铁路、公路、各种能源、水利等基础设施。②房地产，尽管对房地产有很多的异议，不管你喜欢也好，不喜欢也好，现阶段的中国就是离不开房地产，为什么？第一，从整个发展阶段来看，工业化、城市化一定会要求或者伴生对房地产巨大的需求，尽管现在出现结构性的过剩，可以预计房子即使二十年后可能都得拆掉，有人担心房子七十年以后的问题，不要去担心。第二，房地产是一个影响六十多个行业的领域，房地产不行，上游下游各种服务都受影响。第三，房地产还是解决就业最多的一个领域，数千万人在这个领域。第四，房地产也是拉动经济一个最直接的力量，一个地区有座高楼大厦建立，就是经济的增长。所以不管你喜欢不喜欢，房地产在现阶段就是割不断，尽管理还乱。对房地产的认识也还是有偏差，住房是现在最突出的问题，房价高，可能大家最有意见。为什么房价高？这是政府在对待住房商品方面的认识有问题，住房是一个特殊商品，既有公益性的一面，也有商业性的一面。而我们在一定时间里，只看到了他的商业性，没有看到他的公益性。因此 1997 年以后住房制度一改革，所有的住房都推向了市场，这就带来了一个最突出的问题，所有人的住房需求都得靠市场解决。肯定短期内会形成巨大的需求，这就必然造成房价上升，需求是推动房价上升最主要的力量。如果政府能够认识到住房的公益性的一面，政府应当要把解决人们有房可住作为应有的职责。另一方面，在有房可住的基础上真正住得好，住得宽敞，就要靠市场，要靠大家的努力去实现，而不是靠政府。如果是这样的一种管理，我们就不会出现目前这样的问题。让那些买不起房的人，可以买得起。让市场有一个逐步解决的过程，而不是千军万马涌向市场，短期内形成巨大需求，巨大需求就会形成巨大的价格上涨的动力。不可否认的是由于认识上的片面，所以高房价又和政府的管理、制度密切相关。对于生产者来说，扣掉成本之外，还要有利可图，不可能只替政府做慈善事业。不管怎么说，房地产在未来还是一个投资的领域。况且，2014 年政府已经在鼓励住房消费方面采取和恢复了很多新的措施。可以预期在未来一段时间，政府一定会让房地产企业可以正常上市，让上市的房地产商可以正常融资，让商业银行可以给房地产开放性贷款提供支持。现在的房地产企业就靠各种各样的途径去融资，融资的成本在15%到20%。所以地价那么高，融资成本那么高，劳动成本也上升，想让房价降下来显然是很难的。

第三，各种各样的产业投资，新兴产业、传统产业的改造，从产业角度来看，用七色经济做一个简单的描述。一是未来产业发展有成长性的，和老年人口相关的消费、健康、养生、娱乐休闲方面的，叫作大健康产业，这是适应老龄人大健康的产业，称之为白色经济。二是适应女性、儿童培养教育方面的产业，称之为红色经济。三是适应有钱人理财等方面的现代金融服务，我们称之为金色经济。四是适应人们生活水平不断提升，对环境有更多要求的绿色食品、环境保护等方面的产业，称之为绿色经济。五是对海洋国土的开发利用，称之为蓝色经济。六是各种各样的高科技产业，称之为银色经济。七是随着人们生活水平提高，对各种优雅、高档、休闲的文化艺术方面的产业，称之为橙色经济。七色经济在未来都有很高的成长性。

国家现在是这样规划的，四个支柱产业，信息经济、生物经济、高端制造业和环保经济产业。三个先导产业：新能源、新材料和新能源汽车。一个特殊的产业，就是海洋开发的相关产业。一个强化产业，就是为生产、生活服务的现代服务业。这是国家未来在产业上的一些新的要求。

6. 投资的钱从哪里来？首先是靠银行贷款，其次靠政府债券和企业债券，第三要靠资本市场，资本市场的春天正在到来。未来解决中国经济生活中存在的各种各样问题的一个重要途径是要借助资本市场，资本的证券化是未来的一个重要领域。

第一，是改革的红利会催生资本市场的复苏，中国已经七年的熊市，2014年逐步看到了复苏。第二产业转型升级的结构的优化，需要资本市场。第三，增加老百姓的财富也是呼唤着资本市场。从必要性、可能性、重要性角度来说，七年熊市也到了结束的时候。资本市场的春天正在到来，但是尽管春风扑面而来，但是春风的寒意还是存在的。还有三个问题在困扰着我们：

第一，原来的资本市场先天不足，遗留问题仍然需要解决；第二，现在 IPO 堰塞湖需要舒缓；第三，各种改革总是一把双刃剑需要适应，只有等到历史问题有了一个比较好解决的前景，逐步找到舒缓的通道，各种改革的适应力有所提高，资本市场的春天才会是春意盎然。

从现实角度来说，这几个方面也是可以支撑的，慢牛的时代也就来了：第一市盈率修复效应慢慢释放，市盈率十倍左右，也是比较低的水平，凡是市盈率水平比较低的股票都会逐渐上涨。第二，经济新形态要求整个资本市场保持平稳。第三，旧经济的改造会激活存量资产，存量资产会逐步进入并购成资本市场的重要方面。第四，新经济发展创造增量资产。第五，开放的新政会引来外资的源源流入，如自贸区的建立等。

总之未来市场，众多主题呈新态。改变主题，混合私有经济、法制中国、国防主题、强军梦想；环保主题，蓝色绿水青山；消费主题，老产品新业态、新产品新格局；城市主题，经营地下城市、产业主题；传统产业并购、新型产业扩张；“三农”主题，土地改革、绿色食品、休闲农业；跨界主题：移动互联网、现代金融、生物科技。尽管资本市场春天要到来，但是春意的寒冷也不要忽视，投资的风险不能忽视，还是要在防范风险前提下决定投资策略，积极稳健地进入资本市场。至少可以说，资本市场会给大家提供一个新的发展机会。

最后，总结一句话：未来的发展，企业家一定要注意三个趋势：第一，跨国并购是未来发展的一个趋势，特别是随着“一路一带”丝绸之路和海上经济带以资本输出带动产能输出战略的实施以后，跨国并购会形成一个大趋势。中国未来的发展将是以跨国发展作为一个新的趋势。第二，跨界整合，即各种产业之间，工业、服务业之间在移动互联网技术的引领下相互融合，已经没有很明显的界限。第三，跨所有制的发展，混合发展。这三大趋势是未来要关注和发掘的，当然更需要去抓住。

重庆曙光都市工业园调研报告

重庆曙光都市工业园是2006年9月由重庆市人民政府正式命名的重庆市重点中小企业产业园区，是全国中小企业产业园建设“曙光模式”的创建者；在董事长汪官蜀的率领下，整个团队锐意创新，紧紧围绕促进中小企业成长发展这一主题，攻坚克难、整合资源、市场化运作，经过八年的不懈努力，铸就了一方别样的天地。其模式值得仿效，其经验值得推广，其实践引人深思。

一、八年创业，成效卓著

进入二十一世纪，重庆市决定建设港城工业园区。汪官蜀以其敏锐的眼光，集聚民间资本，以曙光投资的名义率先在这里建成了第一个特色中小企业产业园。在总结经验的基础上，陆续在这里分别建成了曙光A区北岸国际、B区港岸国际、C区海岸国际、E区两江国际四个园区，目前，位于巴南界石的曙光·江南新型工业产业园以及两江新区曙光·汽车零部件产业园即将投入运营，港城D区曙光国际珠宝产业园正在建设中。

重庆曙光都市工业园用八年的时间，连续建成了各具特色的七个工业园区，建筑总面积达150多万平方米，仅占用非耕地530多亩；引进了1500多家中小企业前来集聚生产经营；安排了3.2万多人就业；年可创造产值近200亿元，增加税收15亿元。

重庆曙光都市工业园的经验引起了国家和重庆市政府的高度重视和

关注。全国人大常委会副委员长陈昌智以及全国政协、工信部、国务院国资委、人社部、国家工商总局和全国工商联、民建中央、九三学社中央等有关领导前来调研视察。重庆市政府在全市范围内推广曙光都市工业园的经验，现在全市已创建都市楼宇工业园98个，可吸纳入驻生产业户2476个，实现就业20万人，年销售收入达到1282.25亿元，年实现利税超百亿元。在此基础上，重庆市政府已规划，到2015年，将建成类似曙光都市工业园的园区150个，其中市本级将建成120个，总建筑面积达到1700万平方米，届时产值将达到3800亿~4200亿元，安排就业50万人。

汪官蜀的卓越业绩和端正人品已引起了社会的广泛好评和关注，被推荐选举为中国中小商业企业协会产业园区工作委员会主任委员、民建中央企业委委员、重庆市政协委员和民建重庆市委常委。

二、锐意创新，思路独特

重庆曙光都市工业园董事长汪官蜀原本是重庆市事业单位的一名工作人员。他在改革开放的大潮中，舍弃安逸保险的“铁饭碗”，会同几个好友，凑集几十万元资金，义无反顾到市场经济的汪洋大海中闯荡创业，目的是为社会、为人民做点有益有意义的事业。

究竟做点什么事情？从哪里下手？怎么去做？带着这些现实问题，汪官蜀没有急于动手，而是迈开双脚，遍访、考察了大半个中国的城市经济开发区，参加了美国、德国、日本、新加坡、韩国以及中国香港、中国台湾等十几个国家和地区的工业开发区。他敏锐地观察到：有相当多的开发区是在“跑马圈地”、“开而不发”、脱离实际；有的是以开发名义，搞“土地财政”、“房地产经济”，不可持续；有的以“摊大饼”的方式，大量占用耕地，土地浪费惊人；有的只顾建厂房赚快钱，对入驻的业户缺少保障性服务，其结果招商时一哄而来，运行后又一哄而散。同时他还发现，中小企业已成为市场经济中最活跃、最庞大的群体，是创造社会财富的主力，是安排就业的主体，是技术创新的骨干，但成长发展艰难。他和他的团队苦苦思考如何创出一条新路解决这些问题，决定在重庆港城工业园区打造适应中小企业发展的产业园。

为此，他理清了做事情的思路：就是在城市中，以闲置土地、工业楼宇和实体企业为载体，以利用民间资本尽职服务为手段，以促进中小企业成长发展为目标，进行产业链开发和运营，实现土地集约化利用，实现集群化发展、服务保障体系化的目的。带着这样一个现实、清晰、准确的思路，他第一个闯进了重庆工业地产产业市场，项目冠名为“重庆曙光都市工业园”，并一发而不可收。

三、精心创造，实施六个坚持

重庆曙光都市工业园在开发建设过程中，打破常规，把工业园作为一部作品、一件艺术品去精心制造，做到六个坚持。

1. 坚持调研筹划在先

曙光都市工业园的每一个项目都不是靠“灵感”，“拍脑袋”而成的，都做到了“四个不动”，即可行性论证不充分不动、用地不落实不动、资金不到位不动、招商方向不落实不动。如若动手，就一鼓作气，干一个成一个，不做无用功，不干半拉子工程，滚动式发展，交付一个，建设一个，调研一个。八年来建成七个特色功能各异的工业园区，个个满员，招商定位，无一失败。

2. 坚持高标准高起点

重庆曙光都市工业园借鉴国际经验，总结自身实践经验，从立项定位到策划申报，从项目建设到交付使用，从招商进驻到服务管理，制定了26项具体运作流程、管理办法和标准，每一个项目、每一个步骤、每一个环节、每一个人都按规程和标准制度行事。七个项目前后总投资近百亿元，没有出现偷工减料的问题，没有出现贪污行贿的腐败事情，没有出现违法乱纪的行为，奠定了企业良好的信用基础。

3. 坚持“生产、生活、生态”一体化建设的理念

曙光都市工业园的每一个项目开发建设都做到：满足生产条件要求，讲究实用性、安全性、便利性和公用设施的保障性；满足园区生态环境要求，打造花院式结构，实现绿化、节能、环保、不扰民，不形成二次污染；满足生活要求，为入驻企业利益着想，以人为本，提供“保姆式”全程综合保障服务。这样使园区成为生产基地、休闲之所、员工之家，企业不招自来，来后从不离开。

4. 坚持“三化”的发展目标

所谓“三化”：一是土地使用集约化。曙光都市工业园从加大楼板单位面积承重力和垂直货物运输力入手，设计楼宇结构，打破常规，让生产企业上楼，占天不占地，一亩地变作八亩、十亩使用，有效节约土地。二是产业企业集群化。曙光都市工业园把单个中小企业难于建厂、无力建厂、无法建厂的困难，通过建设园区揽于一身，不仅免除了其单独建厂的诸多困扰和烦恼，而且使其在减少50%以上投资成本的前提下获得了自己的有效资产，同时还可以提前1～2年投入生产经营；更重要的是，通过园区将相同、相似或相互配套的行业产业集聚到一起，相互借力，相互学习，相互研发，共同发展，形成群体优势和品牌优势，极大地提升了市场竞争力。三是公用设施管理集中化。园区企业必要的水、电、气、安保、卫生、维修等公用设施和管理，统由园区一体配备，一体管理，使入驻的企业省心、省力、省费用。一个入驻园区的企业领导深有感触地说：如果我单独建厂，至少要雇两个保安、两个维修人员、两个清洁工、三个伙房人员和至少一个行政管理人员，最低标准，每人月工资2000元，一个月要支付2万元，一年要支付20万元，还要担心可能发生的问题，到园区来，每年交几万元的费用就万事大吉，我可以腾出精力专心致志抓生产，搞科研，扩市场。

5. 坚持服务保障体系专业化的原则

重庆曙光都市工业园摒弃单纯开发赚钱走人的唯利是图观念，本着

以人为本为入驻企业利益着想的原则，建立了十个服务中心，实现了服务保障的体系化。

一是建立物业管理服务中心。前来入驻的企业资金充裕的可以按规定标准直接洽购用房；资金不足的可以以租代购；中间或到期要离开的由园区按原价回购。已建成的六个园区已有600多家企业入驻，凡涉及物业方面的琐事，统由园区一并解决。到目前，运行了六七年的时间，没有一家企业垮掉或离开，其中有100余家企业购用或租用厂房由2000平方米扩大到6000平方米，产值翻了好几倍。

二是建立金融服务中心。为解决入驻企业融资难，园区与六家银行、四家担保公司合作，获得15亿元的授信贷款额度，先后为园区企业解决担保贷款3.8亿元，有效地解决了中小企业融资难融资贵的问题，企业舒心，银行满意，政府高兴。

三是建立政府综合服务中心。园区由政府授权，代行政府统一办理入驻企业营业执照、融资贷款、报税纳税、环保鉴定等相关事宜，最大限度减轻企业为此找不到门路、多跑冤枉路、费心费力等麻烦。

四是建立人力资源服务中心。通过各种形式开展在职员工就业前岗位培训和对口专业技术培训，既提高了技能又解决了几百家企业用工难的问题，还可每年增加600余万元收入。

五是建立后勤保障服务中心。园区统一建造了集体职工宿舍和餐厅、超市、网吧等设施，下班有宿舍就寝，就近可以购物上网，一元可以就餐，要花六元、八元、十元改善也可以。一切为保障满足中小企业留住人才、稳定人才创造条件。

六是建立企业管理咨询服务中心。一个月定期举行一次专家咨询讲座，进行政策解读、形势报告、企业疑难问题诊断，促进相互团结、和谐，改变对市场和社会的不正确看法。

七是建立法律服务中心。园区与有关律师事务所合作，建立起园区律师服务中心，为园区企业提供法律服务，依法为中小企业保驾护航，为企业推荐聘用常年法律顾问，帮助企业处理具体法律事务，提高企业的法律意识。园区有一个企业的员工上班时发生意外，不幸身亡。这种事如果企业单独处理，很可能出现家属闹、要价高、生产停摆的情况，个把月甚至一年半载也处理不完，但由法律服务中心出面，依情依法真诚处理，两天就处理完了，家属、企业皆满意。

八是建立物流运输中心。园区与多个物流服务机构合作，为生产企业提供汽运、铁路、轮船和航空的快慢件运输服务，让入驻园区企业所需原料进得来，所产产品出得去，并保证准时无误，各方放心。

九是建立“三联保”联合服务中心。为加强园区生产、消防、环境、防恐等安保工作，园区建立了有中小企业法人代表参加的联保服务中心，制定了严密的制度和措施，保证园区无障碍正常运行，尽管园区有几万人同时从事密集型作业，从未发生恶性事故。

十是建立企业投诉中心。园区设有投诉意见箱、投诉专线电话和专门处理投诉事件人员，让进驻企业话有处讲、气有处撒、冤有处诉、问题有处解决，化解矛盾，和谐共处，共同发展。

这十项服务保障体系，使重庆曙光都市工业园成为政府的助手、企业的帮手、经济的推手，服务已成为园区新的收入增长点。

6. 坚持走资源整合的路子

重庆曙光都市工业园始终把园区建设看成是一个系统工程和产业链，不单打独斗，重在整合社会资源，借力协作共同发展，主要做法是：

整合金融资源，发掘民间资本潜力。重庆曙光先后投资近百亿元建成七个工业园区，其资本主要来自于自有资本、入驻上千家企业资本、合伙开发的股份资本和持有物业抵押的部分银行信贷引导资本，在从实际出发、量入为出、量力而行、集中一点、滚动推进的原则下，扎扎实实地稳步发展。

整合国际资源，发展出口型产业。北岸国际、港岸国际两个工业园区，都是瞄准国际市场，利用国际资本打造出来的，吸引国内外企业参与，建筑面积6.78万平方米，吸引30余家企业前来入驻，年产值达到21亿元，年创造税收达1.1亿元，可安排3500人就业。

整合中小企业技术创新资源，打造科技型工业园区。曙光建设的海岸国际和港城工业园E区两江国际两个园区，是以科技研发、提供高品质生产、生活配套产品的高科技园区，建筑面积29万平方米，引进科技型中小企业360家，年可创产值47亿元，创造税收近7亿元，可安排就业2万人；孵化出一家上市企业，对重庆市中小企业转型升级、提高档次发挥了示范带头作用。

整合本地产业、产品资源，打造新兴产业园区。重庆市不是珠宝原料产地，没有珠宝加工企业，但珠宝市场空间巨大，针对这一实际，曙光人联合香港珠宝总商会、深圳珠宝加工区联合打造集珠宝生产交易为一体的产业基地，建筑面积15万平方米，年产值将达到百亿元。重庆巴南区是远郊区，曙光人在这里打造了占地361亩，建筑面积65万平方米的新型工业产业园，已整合500余家企业成功入驻，可形成年产值150亿元，税收5亿元，门类齐全的新兴工业园。

重庆曙光都市工业园通过资源整合，创造了一个又一个奇迹，受到了重庆市乃至国家相关部门的重视。

重庆曙光都市工业园以其八年创业卓越的成效、锐意创新独特的思路和精心创造的实施六个坚持，取得了辉煌成就，先后被评为“中国优秀民营企业”、“重庆市优秀民营企业”、“全国支持中小企业发展十佳工业园”和“国家人力资源和社会保障部劳动工资研究示范基地”。现在曙光已现，未来还将大放异彩。

案例篇

此篇作为服务和支持中小微企业发展的成功案例，是自中国中小商业企业协会成立以来，在全国树立和推广的服务类机构的典范，案例不仅仅是对服务中小微企业发展工作的一次简单总结，更是希望通过成功案例的剖析与解读、经验与思路的分享，能够形成全国各类服务机构共同关注与支持中小微企业发展的良好氛围，为实现伟大“中国梦”寻找捷径，贡献力量。

齐商银行服务小微企业的做法与经验

小微企业在我国经济发展中居于重要地位，它们在规模扩张过程中，对资金需求特别大，将小微信贷业务作为重要的利润增长点已经成为国内商业银行共识。各家银行纷纷厉兵秣马，希望能够在竞争中脱颖而出。然而，在当前经济增速平稳回落、小微企业经营难度加大的背景下，小微企业金融服务的脆弱性日益凸显，如何突破商业可持续难题已经成为拓展小微企业金融服务的关键所在。

作为全国第四家单独获得银监会支持小企业信贷金融服务许可证的银行，近年来，齐商银行在寻求突破小微企业金融服务商业可持续性难题方面尝试了许多有益的做法，积累了许多宝贵的经验，2013 年 11 月被中国中小商业企业协会评为“全国服务中小企业十佳商业银行”。

一、人无我有，人有我细

小微企业大多具有地方特色、人文特色、产业特色、资源特色，只有细分客户市场，对不同类型的小微企业采用不同的营销策略，实施精细管理，创新小微企业金融服务模式，才能真正做透市场、做出特色，在同质化竞争中形成自己的核心竞争力，在复杂多变的经济金融形势下获得可持续发展。为此，齐商银行在总行设立了小企业金融事业部，统领全行小微企业业务发展，并根据各家支行所处区域不同、客户群体的不同，整合部分网点的经营特色和资源优势，设立了塑料化工、小商品、建材建陶、机电泵业和不锈钢等五家专业支行，引导支行实施差异化经营和错位发展。

专业支行管理突出了定位差异化、经营特色化、服务专业化、营销主动化、流程简约化的管理特点，增强了对区域经济和广大小微企业的专业化服务能力，形成了独特的品牌和竞争优势；更为重要的是，由于长期专注于某一行业或区域，能对行业或区域发展前景、风险状况及发展趋势作出预测和专业性的把握，不仅可有效引导小微企业增强竞争力、应对宏观经济波动冲击，而且可以及时调整信贷政策、有效规避行业信贷风险，从而使小微企业金融服务既能贴近市场、贴近客户，保持较强的适应性，又能有效防范和控制风险，保障业务健康发展。

以小微企业贷款为例。首先，专业化有利于齐商银行收集行业信息、跟踪行业动态、设置行业审查参数，增强行业、市场分析能力，结合项目所处区域的经济环境和特点，预测项目的预期效益和贷款的风险程度。其次，专业化便于贷中跟踪管理。经济活动的周期性、市场变化的不确定性以及银企信息的不对称性，决定了银行必须动态、连续、全面地跟踪客户生产经营全过程。从信贷业务运行周期分析，贷前决策过程时间相对较短，信贷业务发生后直至收回却需较长的时间，不确定因素比前者更多，能否及时发现和处理风险信号，有效控制全过程信贷风险，对保证信贷资金安全的作用绝不亚于贷前决策。对于行业发展的透彻把握无疑能进一步降低信息不对称程度，有助于在更高层次、更短时间内采取最合适、最有效的风险化解措施，最大限度地维护信贷资产安全。最后，专业化便于贷后管理。科学、有效的贷后经营管理是对客户服务的延伸，更是客户关系管理的重要手段。唯有专业化，才能不断挖掘客户潜在需求，培育忠诚客户，融洽银企关系，实现银行与小微企业的共同发展。

二、无营销，不优势

批量集群化营销，有效降低营销成本。通过引导分支行结合当地优质产业集群和产业格局特点打造批量化营销平台，齐商银行总结出了专业市场集群业务营销模式、供应链金融营销模式、商会联保授信业务营销模式、园区整体开发营销模式、政府产业经济带业务等五大营销模式，通过加强与地方小微企业局、经贸委、妇联、团委、创业园管委会等的联系与合作，搭建起政府合作平台、供应链融资平台、商圈融资平台、专业市场融资平台、优质存量结算无抵押贷款平台、商业协会融资平台，实现了批量化、集群化营销，有效地降低了营销成本。例如，2013 年上半年，西安分行集中力量对园区、集群市场、行业协会开展持续性营销，先后举办了西安科技大市场银企推介会、西安创业研发园银企对接会、西安机电协会银企对接会，并积极营销了陕西工商联建材商会、湖北商会、兴化商会、南安商会、莆田商会、湖南商会、宁德商会、温州商会等，融入了大量优质小微企业客户资源。滨州分行则以当地优质大客户、龙头企业上下游的优质小微企业客户群体为重点培育目标，运用供应链营销模式，在业务辐射范围内最大限度地满足小微企业多种金融服务需求。

通过客户资源管理与数据挖掘，提高营销资源配置效率。齐商银行按照“发展一批、储备一批、观察一批”的原则，对山东淄博全市 14 万户小微企业进行行业、规模、特色和发展前景的分类，建立了梯次分明、数量充足、特色明显的客户储备库以及清晰翔实、切实可行的客户发展规划，对储备库进行进度计划管理，增强客户筛选和贷款节奏把握的主动性，实现了对小微企业客户的精挑细选和均衡投放，同时也实现了客户充裕、均衡投放、稳步发展的目标，提高了营销资源的配置效率。

全方位实施齐商银行小企业品牌宣传方案。在通过商业媒体进行集中品牌宣传推广活动的同时，齐商银行以在全国范围内打造小微金融服务品牌为目标，当选中国中小商业企业协会副会长单位，参加国内小额贷款领域会议、论坛，增加了齐商银行在国内的曝光率，逐步拓宽了齐商银行在国内小企业信贷业务领域的人脉和视野，为提升齐商银行在国内商业银行小额贷款领域的知名度和影响力奠定了基础，使得齐商银行小微企业金融综合服务集成商品牌形象日益深入市场，成为齐商银行降低市场开拓成本、提升议价能力的重要基石。

三、流程优化很重要

齐商银行的小微企业金融服务流程优化是从纵向条线细分、横向流程精简两个维度展开的。

从纵向上看，齐商银行紧贴小微企业贷款数额少、频率高、时间急等特点，进一步细分业务条线，奠定改革信贷流程、减少审批程序的基础，分设信贷1万～100万元微贷团队和100万～500万元小企业团队，分别授权，分设管理流程，一次性确认解决。

从横向上看，齐商银行对小企业贷款实行“三位一体”（独立的尽职调查、独立的尽职审查、民主的集体评审）审批机制，执行“双人四眼原则”，在提高审批效率的同时控制好小企业授信风险，在此基础上创新审批机制，降低服务成本。

1. 标准化

从客户的首次访谈到贷前调查、贷时审查，直到贷后管理以及贷审会工作流程，都按标准化流程进行设计操作。小企业金融服务部建立了24小时授信决策平台，每天召开贷审会，确保项目决策效率。新客户原则上在正式受理后3～7日内放款，老客户原则上1个工作日内放款。

2. 层次化

建立多层次审批流程，合理下放审批权限，简化审批流程。存单、国债等质押贷款以及低风险权重授信业务给予客户经理50万元权限，客户可随到随办，当日入账；对循环贷业务实行额度一次审批、循环使用模式，额度内放款业务无须贷审会审批；优化操作流程，多项授信环节同步进行，即对小企业的授信准入及信用评级由小企业金融服务部自行审批；同时，实行标准化运作流程，实行独立的针对小企业特点制定的贷款三查制度。

3. 网络化

齐商银行积极尝试拓宽网上营销渠道，开发了“e贷通”小微企业网上申贷系统，在总行网站、淄博市小微企业网及各县区分网站设立了系统模块和链接，小微企业客户足不出户，就可以将贷款申请信息传递到齐商银行，及时得到相关金融服务，从而大大提高了工作效率。不仅如此，齐商银行还与优质网络平台达成战略合作协议，搭建B2B网络融资平台。

4. 简便化

针对小微企业的经营特点和融资需求，理解和容忍小微企业发展的“不规范性”，在有效防控风险的前提下，再造业务流程，简化操作环节。对于资产状况良好，盈利能力、营运能力正常，只要流动资金周转困难得到有效解决，发展前景乐观的公司。齐商银行通过实际走访，因地制宜地制定专项融资方案，启动“团队一站式”服务模式，在风险可控基础上，简化流程，将信用等级评定、授信、用信一并办理，甚至在一个工作日就可完成贷款业务，及时给客户注入流动资金贷款，解其燃眉之急。

不仅如此，齐商银行还以建设“标准化、规模化、可复制、低风险、可持续的小企业金融服务模式”为目标，与德国公司合作，将国际先进的微贷理念与流程优化相融合，对现行信贷流程及贷后管理流程进行细致梳理，并对各个子流程进行风险和内控评估分析，重点对流程中内控薄弱环节进行查漏补缺，实现流程效率与风险防范的有机融合。

四、创新为王

面对市场的挑战和激烈的竞争，齐商银行深刻地认识到，金融创新能力的强弱在很大程度上决定了商业银行在市场竞争中的地位高低。近年来，齐商银行积极探索具有自身特色的小企业金融服务发展模式，紧紧围绕小微企业需求，开展形式多样的市场调研，深度挖掘小微企业的金融服务需求，树立了“专业、进取、贴心服务”的良好形象。

1. 设立专门研发机构，量身为小微企业定制信贷产品

齐商银行在总行设立了小微企业信贷产品研发中心，为小微企业量身定做了四大产品系列，20 余款贷款产品，在科技型企业、文化创意企业、出口型企业、大型批发市场及商超供应链客户等领域打造了优质的小微企业金融服务品牌。例如，针对高新区创业园中高新技术企业客户“企业间交往较少，相互不了解，企业自身也几乎没有有形资产”这一情况，推出了“专利权质押贷款”，解决了担保难题；针对经营不锈钢、白板、棉花、重质油、固体化工原料等大宗商品的企业，以企业自有财产质押，推出了“动产质押贷款”，实现了货物质押当天贷款到账；针对出口退税企业，推出了“出口退税账户托管质押贷款”，化解了出口企业因相互担保带来的诸多问题；针对大型企业的上下游小微企业客户，推出了“应收账款质押贷款”，加快了企业资金周转；针对供应商超商品的代理商企业，推出了“商超供应链融资贷款”，提高了资金使用效率；针对大型批发市场、商城中的小企业客户，依托行业协会、市场管理者，组织一定数量的小企业按照“自愿组合、风险共担”的方式组成联保体，推出了“联保小额贷款”，帮助小微企业客户获得银行贷款，实现共同发展；针对“文化产业企业资产规模较小，无形资产多，有形资产少”的现状，加强与淄博市文化产业信息中心的合作，以政府向文化产业推出的3000 万元扶持资金为基础，设立基金池，对信息产业中心提供的企业通过扩大倍数进行信贷投放，促进了文化产业企业的发展。

2. 在产品定制的基础上，创新小微企业授信利率风险定价机制

遵循收益覆盖成本和风险的原则，实施利率差别化定价。齐商银行

建立了以客户为中心的考核评价体系，改变资源配置方式，根据客户的风险度、贡献度定价并进行资源配置。根据小微企业贷款的筹资成本、风险水平、管理成本、收益目标以及当地市场利率水平等因素，对不同类型贷款、对不同类型借款人自主实行差别利率。例如，根据农户的资金需求和运营特点，齐商银行设计了“按月还息、到期一次性还本，提前还款”等个性化还款方式，有效解决了农户的融资难和担保难问题，助力“三农”经济发展。在小微企业贷款定价方面，齐商银行实现“一户一价、一笔一价、一期一价”，从而大大增强了授信服务灵活性，受到了小微企业的普遍欢迎，打造了银企共赢的良好局面。

3. 创新贷款调查方式

齐商银行认为，银行在贷前调查时所秉持的“失信推定”成见是导致小微企业融资难、申贷成功率低的重要原因。而小微企业搞生产、做生意基本上是押上了自己所有的本钱，全家老少齐上阵，起早贪黑为生计，一般不会拿着全家的“饭碗”去骗贷。因此，齐商银行强调，贷前调查要从实际出发，不重报表，重实际情况分析；不重抵押担保条件，重第一还款来源；不重高额息率，重现金流和综合还款能力。在实践中逐步摸索出对流通行业的“六看、一听、一谈”（即看账本、看产品、看人气、看人品、看成效、看存货，听同行，谈看法）、对快速消费品销售商的“七看七重”（看渠道、重年限，看实力、重库存，看流量、重凭证，看产品、重品牌，看经营、重信誉，看用途、重原因，看销量、重账款）、对生产类企业的“知行、知底、知实”（知高管品行、发展思路与管理能力，知其家底、整体经营状况，基于企业财务、经营、管理、销售的经验逻辑判断，知其真实状况）等行之有效的调查方式。实践证明，上述调查方法不仅有效地控制了信贷风险，而且降低了企业的融资成本，提高了小微企业融资的成功率。

4. 创新担保方式、拓宽担保渠道

最为典型的例子是，齐商银行丰富“手拉手”组团信用贷产品体系，设计推出“银、政、企”、“银、担、企”、“银、会、企”携手组团贷款，三款产品有效地解决了担保难题，解决了担保圈连锁反应。其中，“银、政、企携手组团贷”由地方政府、行业协会共同建立“政协”担保基金，为协会内小微企业会员提供授信担保。例如，2013年上半年，批量为阳信县畜牧屠宰行业协会内的16家小微企业投放了3400多万元贷款，有力地支持了地方小微企业的发展；与此同时，由于增加了政府担保，有效地防范了授信风险。“银、担、企携手组团贷”是由担保公司提供担保，由企业和担保公司分别缴纳一定比例的担保基金作为增信手段，由齐商银行为组团小微企业发放的贷款。“银、会、企携手组团贷”业务是在组团企业联保或提供一定担保的基础上，由企业缴纳一定比例的担保基金和商会（或行业协会等）提供的风险补偿金共同作为增信手段，由齐商银行为组团小微企业发放的贷款。

5. 开辟新的途径，提高小微企业融资抵押担保能力

齐商银行改变信贷抵押担保必须是自有有效固定资产的观念，在淄博市发放了首笔“专利权质押贷款”、“商标权质押贷款”和质押范围更宽泛的“动产质押贷款”，有力地支持小微企业的发展。淄博泰和实业有限公司利用“反渗透浓水回用”专利获得齐商银行500万元授信，有力地撬动其市场拓展，2013年产值超过5000万元。淄博三乐源网络技术服务有限公司，利用其商标权获得齐商银行700万元贷款，使其发展成为拥有200余家成员的连锁公司，年营业额由原来的1亿元增加到3亿元。

6. 建立集群征信机制

针对小微企业个体融资信用能力不足、难以获得信贷支持的问题，齐商银行以“齐动力”为载体，推出小微企业集群增信产品，批量解决小微企业融资信用不足的难题。

7. 改变传统固定期限、固定还贷方式的业务模式，实行灵活分期还贷方法

齐商银行在向客户发放贷款时，不是传统的一纸合同签字盖章，按固定期限、固定还款方式一贷了事，而是建立了与小微企业经营实际、经营周期与资金回笼相匹配的灵活分期还款方式，得到监管部门和小微企业的高度评价和广泛认可。贷款发放时，齐商银行充分征求客户意见，帮助客户分析经营周期、淡旺季、资金回笼时间，根据资金运转情况合理设定还款方式，包括分期还款金额和分期还款时间等。就齐商银行而言，通过分期还款检验了小微企业的还款意愿与能力，降低了授信风险；就小微企业而言，缓解了贷款到期一次性归还带来的集中还款压力，降低了资金成本，预防了小微企业资金链断裂风险。正如当地监管部门负责人在银政企座谈会上所说：“齐商银行的分期还款方式，值得各家银行学习和研究，该方式从根本上预防了小微企业因归还银行贷款带来的资金链断裂风险。”

（主笔：何德旭　张雪兰）

解密包商银行微贷业务团队建设

建立普惠金融体系，扶持微小企业发展，不仅需要银行开发出创新的产品和高效的业务流程，更需要大量专业的金融服务人才。在银行信贷业务中，微小企业金融服务被认为是“劳动密集型”服务，它需要银行信贷员具有良好的职业操守和专业的信贷技术，才能更好地服务于这一社会企业主体。那么，包商银行的信贷团队是如何建立培养起来，并高效运作的呢？

一、优质服务建立在人才建设上

2012 年，在龙岗区从事服装生意的微小企业主贺先生，一直以来依靠包商银行的“商赢宝”贷款产品保持企业的高速发展。在一次出国考察的时候，贺先生因事务繁忙忘记了即将到期的贷款还款事宜，迟迟没有联系包商银行。眼看着贺先生就要逾期产生不良信用记录，包商银行龙岗支行微小企业金融部的信贷员朱旺几经周折，终于在最后关头联络上了正在国外出差的贺先生，提醒他及时还款，并讲述了信用记录的重要性。“如果产生还款逾期，贺先生的信用记录将出现污点，这对于依靠信用贷款的微小企业来说是不小的打击，直接影响它们今后在银行办理业务，所以我们必须时刻提醒客户维护信用记录。”朱旺回忆道。这一次难忘的经历让贺先生意识到信用建立的必要性，也让他对包商银行信贷员的素质和服务有了更深的体会。

包商银行与客户的关系更像是伙伴，所提供的服务也不仅仅体现在融资贷款方面。“微小企业多数缺乏正规的财务体系，企业主或财会人员对金融知识也了解不多，我们在服务过程中往往还需要教会他们基础的金融知识，例如网银的使用。”信贷员朱旺说道。作为在深圳高速发展的全国大型商行，提供高效、优质的银行信贷服务不仅需要先进的产品与服务理念，更需要一个优秀的高素质业务团队，而包商银行的业务团队建设正是一门值得深挖的课题。

二、特有的“低准入、高淘汰”招聘模式

自 2009 年进入深圳以来，包商银行深圳分行微小企业金融部从只有十几个信贷员发展到了如今的上百人，业务团队遍布深圳各区的 6 家支行网点。团队的快速壮大伴随着业务规模的急剧扩张，特有的“低准入、高淘汰”招聘模式在其中发挥着举足轻重的作用。

2010 年，软件工程专业毕业的朱旺进入包商银行，经过 3 个月的系统培训，成为一名合格的微小企业金融部信贷员。虽然没有工作经验，专业也不对口，但学习能力强、综合素质高的他还是获得了包商银行的认可。“与我同一批进来的几十个人如今只剩下几个了，淘汰率真的很高。”朱旺说。

包商银行微小企业金融部招聘的信贷人员以新毕业大学生为主，对他们没有专业的限制，也没有工作经验的要求，这往往给人一种“低门槛”的错觉。但随之而来的 3 个月培训期的“高淘汰率”，折射出的是包商银行对于招聘人员更高的要求——一个合格信贷员所应该具有的综合素质，这也正是教育背景、工作经历以及简单的面试所不能反映的。“信贷员要甄别一个客户是否诚信，首先就要求他是一个有诚信职业操守的信贷员，其次考量的才是判断观察能力。”朱旺说。一百个快速发展也抵不过一个风险的出现，高淘汰率保持了包商银行信贷队伍的

“纯洁性”，避免了人员良莠不齐的风险，进而提高了团队整体的素质与效率。

三、言传身教的师徒制

除了职业操守，信贷技能的掌握也是保证服务质量的关键，如何确保没有工作经验的毕业生在培训期间尽快领悟信贷业务的精髓？“把理论学习与言传身教的实践相结合，这也是包商银行业务培训最大的特点——师徒制。”包商银行微小企业金融部业务中心负责人武文齐介绍道。在培训期间，一名合格的信贷员首先要学习银行的规章制度、业务流程，再学习包商银行核心的 IPC 信贷技术，这一套标准化的培训流程能让从来没有接触过银行业务的新人很快上手，但学习理论后还需要实战检验成效，如何正确地实际操作，依靠的正是师傅的言传身教。

“我们给徒弟灌输更多的是‘软信息’。”如今已经当上师傅的朱旺说。在微小企业缺乏“看得见”的硬指标如固定资产、财务报表等信贷要素的情况下，判断企业是否有还款意愿以及还款能力等条件，考究着信贷员的综合素质能力，而这些能力则需要师傅的言传身教和徒弟的实践摸索。师徒制的培训模式对于信贷业务人才的培养起到了至关重要的作用，它见证了高素质、高效率的业务精英团队的建设历程，使包商银行的微小企业金融部得到更快、更全面的发展。

冠群驰骋 P2B 服务小微企业研究

“两会”刚刚落幕，“发展普惠金融”和“促进互联网金融健康发展”写入了政府工作报告，李克强总理对此进行了生动表述，“让金融成为一池活水，更好地浇灌小微企业、‘三农’等实体经济之树”。这些表态让一直处于经济弱势和金融服务边缘的小微企业如沐春风，也让互联网金融迎来了属于自己的春天。

一、互联网金融的春天，也是中小企业的春天

中小企业是我国经济的重要组成部分，在我国经济社会发展中发挥非常巨大的作用，中小企业占中国企业数量的98%以上，为中国新增就业岗位贡献是85%，占据新产品的75%，发明专利的65%，GDP的60%，税收的50%，所以不管是就业还是创新，还是经济发展都非常重要。但是经过三十多年的高速发展，现阶段中小企业的发展遇到了瓶颈。

2014年的“两会”提案中数据显示，90%的民营企业在发展中的最大瓶颈是资金紧张，最大的困难是缺钱，民营企业融资难度大，尤其是占比99%的中小微企业融资难度更大，互联网金融的发展为中小企业融资带来了转机。融资难应该说是小企业发展的老大难问题，而这个问题背后的根源，融资还是一个信用，背后的根本原因在于信息不对称，互联网金融的出现在一定程度上解决了这个问题，大数据解决了这个问题。当然，银行自身的改革，金融体制的改革，大力发展小微金融

机构，做到金融机构的多样化、金融产品的多元化，以及利率的市场化，这个在一定程度上也对于我们小企业解决融资难是利好的。互联网金融的本质还是金融，发展互联网金融有利于缓解中小企业融资难的问题。鼓励互联网金融发展，就是鼓励金融创新以积极解决中小企业融资难题。

二、互联网金融为解决企业融资难打开一条新通道

解决中小企业融资难问题是我国各级政府和金融服务部门关心和关注的热点，而现在互联网金融的快速发展，为解决中小企业融资难打开了一条宽广的道路。在传统金融格局一统天下的情况下，中小企业融资难是一个世界性的问题，无论是发达国家还是发展中国家，都在努力解决这一难题。

在我国，银行的性质决定了它服务的主要群体是大企业，中小企业由于自身企业规模小、盈利不稳定、信用低和缺少抵押物等限制了自身获取银行的贷款，银行对中小企业的放贷量不到总量的10%，这就造成了融资需求和融资供给之间的巨大矛盾，从而严重阻碍了中小企业的连续性发展和规模的扩大。虽然融不到资不是中小企业大量倒闭的根本原因，但确实是中小企业持续发展的重大难题。

除了银行等传统机构，非银行金融机构的融资渠道尚未打通，中小企业缺少直接融资渠道。应对我国中小企业融资的方式与渠道予以扩展，给予扩大直接融资渠道，使非银行金融机构有一个宽松的制度环境，以催生更多适宜中小企业融资的金融产品服务，而2013年爆发的互联网金融正是解决中小企业融资难的重要方式。《中国2013年第二季度货币政策执行报告》认为，包括网贷平台在内的互联网金融业依赖大数据分析有助于解决信息不对称和信用问题，提供更有针对性的特色服务和更多样化的产品，交易成本的大幅下降和风险分散提高了金融服务覆盖面，尤其是使小微企业、个体创业者和居民等群体受益。

三、互联网金融支持企业发展的优势

互联网金融在服务中小企业、满足他们的融资需求方面有“天时”、“地利”、“人和”的优势。

首先，从“天时”上讲，互联网金融是我国传统金融体系的必要补充。从成本分析层面来看，在传统金融模式下，银行无法照顾到小微企业。考虑到规模经济的因素，在利率管制条件下，作为一个商业企业，传统金融机构只有做大额、中额贷款，小额贷款是做不下去的。互联网金融的产生与发展是国内多层次资本市场结构缺失以及金融体系垄断的结果，从某种程度上讲弥补了传统金融体系，使金融市场体现出一定的结构层次特征：不同风险水平的企业理论上都可以从金融市场获得资金支持，而唯一需要确定的只是企业应支付的利率水平。

其次，从“地利”上讲，互联网金融接地气，和中小企业是好朋友，是好兄弟。互联网金融为实体经济的发展，尤其是中小微企业的发展提供了大量的资金支持。在国内经济快速发展的背后，互联网金融为经济的发展提供了不可忽视的资金支持。在中国企业占据80%的小微企业群体，目前一直无法得到正规的有力的信贷支持，而互联网金融，特别是P2B信贷，就是要解决这80%小微企业的融资难的问题。传统金融一直以来没有有效的找到为小微企业、三农企业的办法。中国互联网金融发展的特别快，也有这个宏观背景。

第三，从“人和”上讲，统计数据显示，我国网民数量世界排名第一，截至2013年6月底，我国网民规模达5.91亿，互联网普及率为44.1%，这些都为互联网金融的迅速普及创造了可能。中国富裕人群较年轻，对新科技在财富管理方面的运用有强烈需求。根据《2013中国大众富裕阶层财富白皮书》的数据，中国大众富裕阶层中出生于1960—1989年的为绝大多数，共占了81.1%，这些人对财富管理的需求是非常巨大的，他们对互联网金融有着迫切的需求。人人都喜欢互联网金融，投资者喜欢，中小企业家也喜欢，国家也鼓励，并且互联网金融和银行之间实际具有广泛而巨大的合作与互动空间。

从这三点看，互联网金融的爆发有其客观因素和其自身的先天优势。互联网金融是金融产业的一次升级，是整个金融市场的一场改革。

四、P2B 模式是互联网金融的重要组成部分

作为互联网金融行业的“众子之一”——P2B（Person - to - Business），个人对中小企业，这种互联网金融中介平台，就是利用互联网引导个人向中小微企业提供贷款，有效地提高社会闲散资金的利用率，为中小企业提供一个创新融资渠道。要解决中小企业融资难的问题，我国必须大力发展 P2B 模式，中小企业也是互联网金融的最大客户群体。

P2B 平台诞生的使命就是为有创业需求的中小微企业提供融资服务，解决他们融资难、融资贵和融资急的问题。P2B 作为互联网金融的创新模式，在运用互联网降低了民间资本参与小微信贷的门槛和民间投资风险的同时，提高了小微企业融资的效率，有效地平衡了发展、收益和风险三者的关系。

1. P2B 平台的优势

由于传统信贷中介在最大化自身投资收益的指向下，会向小微企业收取高利息，而互联网金融模式在去除信用中介功能之后，则可以显著降低小微企业的融资成本。所以，目前大多数业界人士普遍认为，互联网金融更适合小微企业金融服务的原因，主要是在于互联网金融区别与传统信贷业务的本质——“去中介化”。包括冠群驰骋在内的很多互联网从业人员认为：“去中介化只是互联网金融在云技术的保障下，资金供需双方的信息通过云平台充分展现并有效传播，使资金供需双方可以通过云平台进行直接的联系和交易的其中一个特征而已。而 P2B 平台，具备着灵活、务实和进行综合现场评判与信息渠道多样化的特色，通过运用互联网高科技创新传统金融，为借贷双方提供一个平台，使得借入

和贷出信息及时对接沟通，大大提高了资金配置效率；此外，P2B 还通过互联网进行风险评估和信息处理，摆脱了传统金融借贷媒介，让供求双方直接交易，使得借贷手续大大简化，金融交易成本降低，在为中小微企业融资提供一个快速、方便的融资渠道的同时，也为广大投资者开辟了一条新的投资方式。

相对 P2B 平台，银行在服务中小微企业方面有种种缺陷。它们一般不给异地的中小企业贷款，这就在地域上对中小企业贷款进行了限制；中小企业到银行进行融资，需要交很多资质材料、审批程序复杂，一般审批下来也要一个月左右，而中小企业资金需求流动性和频率都较大，即便最后融资成功，也错过了发展时期；中小企业融资在数量上的需求不大，银行为中小企业融资成本高、收益低，这就导致很多银行不愿意贷款给中小企业；银行对固定资产等方面的抵押控制的十分严格，但中小企业一般没有较大数额的实物抵押，而其信用在银行那里属于无效信息，不能进行抵押更不能累积。

2. P2B 平台的客户

这类 P2B 平台的目标客户主要是游离于银行之外的投资和借款群体，很大程度上填补了银行业发展的空白。该渠道的借款人主要有两类，第一类客户是应急，尤其是做生意，讲求的是商机，快是制胜法宝，没有办法等上一两个月，而且即使在银行等很长时间，也不一定就能申请成功贷款。

第二类客户是资质受限，从银行拿不到钱，P2B 模式的公司进一步释放了它们的信用价值，帮助其创业。和银行相比，P2B 有成本和风控优势，这部分人也是其重要目标服务客户。而且，这不会和银行产生竞争关系，而且还互为补充，P2B 更好、更快地把资金周转给在银行拿不到急需资金的人。

冠群平台选择的是生产型企业，比如三农、高科技环保企业。支持实体经济发展也是国家倡导的，企业有实体经营，有固定资产，本身实力雄厚，信誉度都很好。这类企业在银行有贷款，但银行贷款又不能满足他们的需求。银行的贷款无意间成了冠群驰骋的第一道初级信审，更加保证了借款人的优秀资质和资金的安全性。

3. P2B 平台的作用

“相比传统金融机构，互联网金融基于大数据的强大风险控制能力和互联网平台上人机交互的低成本特征，使互联网金融的实践和发展成为可能。”冠群驰骋的很多做法告诉我们，“在互联网金融使得市场信息对称程度越来越高的情况下，‘交易可能性集合’会大为拓展，资金使用成本将显著降低、使用效率也会得以提升，这可以及时满足数量更多的小微企业信贷需求。同时，互联网金融的门槛较低、渠道成本低等特征，将给予每个资金需求者和提供者参与金融业务的机会，令社会闲散资金得以有效利用，真正开启了一种更为民主、而非少数专业精英控制的大众金融时代。在未来的 3 到 5 年时间里，随着互联网金融的发展，我们或将看到在信息基本对称、交易成本低的互联网金融市场中，兴起比传统小微企业金融服务更为公平、高效的小微企业金融服务新秩序。”

自互联网金融模式在我国出现，发展到现在，其强劲的优势和巨大的潜力已经开始显现。”对于 P2B 的作用，我们以冠群这个平台为例，他们每个月都可以帮扶 2000 到 5000 家中小企业，每年就能帮助 6 万多家中小企业。P2B 平台的巨大作用就是起到了把社会上的闲散资金送到真正需要的企业，给中小企业融资搭建了一个桥梁，一个平台。P2B 模式非常贴切中国市场需求和中小企业的实际情况，是适合中小企业的一池活水，无疑将成为未来的蓝海。

五、问题与现实

当然，我们看到互联网金融业务蓬勃发展的一面，也要看到部分小微企业对其反应的冷淡。我们通过调研走访分析，互联网融资的高利率是一个重要原因。尽管互联网金融非常便利，一些小微企业反映，“银行贷款很难，网贷的年利率要超过20%，如果贷的时间长，利息就能把公司拖垮”。除了高利率，网贷的不确定因素还有很多。“贷款审核方面，互联网融资要求企业要么有抵押物，要么必须有足够大的商业流水。”对于那些中小商贸企业和只做渠道销售，没有固定资产可以抵押，每个月最多几万元的商业流水，根本就贷不到几个钱。方式亟待创新。

除此以外，互联网融资的信息泄露风险也是小微企业主的一大顾虑。伴随着虚拟化、云应用、BYOD及可穿戴智能设备的迅速广泛应用，这些新技术和新设备已经成为目前威胁我国企业信息安全乃至国家信息安全的重要原因，并导致互联网全面泄密时代的来临。而企业通过网上申报相关资料，非常有可能将很多企业核心的材料泄露，互联网的开放性对于金融的严谨也是一个挑战。

我们认为，完善通用征信体系，建立更有针对性的监管体系势在必行。当前市场很少从需求方角度出发，针对不同企业群体开发出适合各自特点的融资产品。在美国，互联网金融针对小微企业的服务创新是依托于自身健全的征信体系，而我国的征信体系并不完善，小微企业如果没有信用评级评分，就很难通过非信用的方式去获取小额资金。

同时，为了促进互联网金融健康长远的发展，为了金融系统的安全稳定，需要从现在就重视互联网金融的外部监管和行业自律，不能听任其不受约束地“野蛮生长”。要防止和纠正那种误以为加强对互联网金融的监管，就是不支持创新，就会有碍于解决小微企业融资难问题的片面认识。只要有关管理办法还未修改，就应该禁止这类现象的存在。应该尽快建立全国统一的互联网金融信用平台。建议以人行征信系统为基础，将互联网金融平台产生的信用信息纳入企业和居民信用信息数据库的采集范围，建立一个包括信用系统、征信系统、登记注册系统、信息披露系统等覆盖各个领域的信用体系，以避免因信息不对称作出不利选择。

加强互联网金融监管。2014 年“两会”期间，无论是金融监管部门高管还是市场人士对互联网金融加强监管已经基本达成共识。相信，规范高效的互联网金融体系必将对支持小微企业发展带来更多实实在在的支持和帮助，对于缓解“融资难”、“融资贵”等问题将起到积极的作用。

中国建设银行助力小微企业

中国建设银行成立 60 年来，在新中国经济建设的洪流中应运而生、砥砺奋进，在国家经济发展和改革开放大潮中应势而起，发展壮大，从一家经办基本建设拨款的专业银行，发展成为目前总资产超过 16 万亿元，公司和个人客户近 3 亿户，规模、质量和效益等经营指标在全球银行业名列前茅，《福布斯》全球企业 2000 强四项指标（销售额、利润、资产、市值）综合排名第二的大型综合性商业银行集团。

近年来，建设银行认真贯彻中央决策部署，将支持小微企业作为服务实体经济、实现商业银行战略转型的重要着力点，加大金融产品和服务创新力度，不断完善小微企业金融服务，支持实体经济发展。截至 2014 年 9 月末，建设银行服务小微企业客户 488.7 万户，获得结算、理财、咨询等服务支持的小微企业 461.3 万户，小微企业授信客户 24.2 万户，小微企业贷款余额 10915.9 亿元，累计为 54 万户小微企业提供信贷资金 2.5 万亿元，对充分就业，服务民生做出了积极的贡献。建设银行得到了政府、主管部门和企业的首肯和欢迎，获得了多项荣誉。2011 年，李克强总理批示建行服务小微企业“很有成效”。2012 年，荣获中央电视台“全国服务小微企业最佳创新成就奖”；2013 年，荣获银监会“小微企业金融服务表现突出的银行”，被中国中小商业企业协会和第八届中国中小企业家年会组委会评为“2013 全国支持中小企业发展十佳商业银行”。

总结近年来的小微企业业务实践经验，建设银行不断清晰大银行服务小微企业的发展思路和定位，即按照“普惠金融”理念，坚持零售化、批量化服务模式，以小额化、标准化、集约化转型为导向，不断提高小微企业惠及面。按照这一发展思路，建设银行在小微企业机构建设、服务渠道、经营模式、金融产品、系统支持等方面进行了一系列的探索和创新，取得了良好成效。

一、不断拓宽小微企业服务渠道，提升金融服务便捷性

建设银行在增加小微企业金融服务的机构和网点供给的同时，挖掘网络渠道对业务的支持作用，建立多元化的服务渠道。

1. 加强小微企业专营机构建设，形成了专业化的组织体系和经营管理团队

2008 年，建设银行在发展战略纲要中明确将小企业业务作为战略性业务。2009 年，建设银行在四大行中率先在总行成立小企业一级部，目前，全行 37 家一级分行中有 34 家分行成立小企业业务专门管理部门，并在二级分支行组建了 286 家“信贷工厂”模式的小企业经营中心，覆盖了全国主要城市和百强县。建设银行持续加大培训力度，培养了一大批专业的小微企业业务人员，建立起了高水平的小微企业经营管理团队。目前，全行服务小微企业的人员超过 1 万人。

2. 建立网点营销服务模式，延伸金融服务触角

建设银行借助网点覆盖面广的优势，结合正在实施的网点“三综合”建设，专门研究推出了营业网点营销服务小微企业的模式，将小微金融服务触角延伸到四面八方，更贴近市场，更贴近客户。逐步打造以网点拓展和维护小微企业客户为主的前端营销，以“信贷工厂”业务处理为主的中台支撑和以系统监测、差别化管理为主的贷后管理组成的营业网点营销服务小微企业客户的综合化体系。

3. 加强网络渠道建设，打破时间及空间限制

建设银行发挥网络便利高效的优势，依托电子银行渠道研发推出了

"24小时不打烊"的网银循环贷款业务。该项业务将贷款申请、支用、还款与企业网银相结合，小微企业通过建设银行高级版企业网银能够进行自主支用，随时可以还款，足不出户即可办理相关业务，打破了银行服务的时间和空间限制，最大限度地解决了小微企业的融资成本，缓解了"融资贵"问题。此外，建设银行开通了官方网站、善融商务小微企业在线融资申请渠道，进一步提升了融资便利性。

二、持续优化小微企业经营模式，打造健康发展长效机制

经过近年来的发展，建设银行形成了一整套服务小微企业的运营模式、业务流程和技术手段，为促进小微企业业务可持续发展奠定了基础。

1. 同业首创"信贷工厂"，建立专业化模式

2007年，建行第一家"信贷工厂"小企业经营中心在镇江试点运行。"信贷工厂"强调专业、专注、标准化操作，着力打造"流程银行"，实行产品销售和后台作业相分离，采用审批人派驻，评级、授信、支用同时申报的"三位一体"运作模式，为客户提供"一站式"服务。自"信贷工厂"模式运行以来，建设银行不断推进小企业经营中心标准化建设，在全行推行统一的业务操作规范，实行中后台信贷操作环节的集中处理，提升集约化经营水平。通过流程之间的紧密衔接，"信贷工厂"极大提高了业务办理效率，为客户节省宝贵时间。同时，通过横向岗位制衡、关键岗位分离，提高了风险控制能力，有效满足了客户金融服务和银行风险控制的双重需要。目前建行约有90%的小微企业业务由"信贷工厂"加工完成，"信贷工厂"已成为建行为小微企业提供服务的核心载体。

2. 大银行中率先试行评分卡评价方式，提升客户精细化管理水平

在保持传统评级授信模式的基础上，2011年，为改变小微企业因

财务报表不规范导致贷款受阻的局面，建设银行进一步细分客户群体，下沉客户定位，针对小额贷款客户开发了小微企业零售评分卡工具，重点考察企业履约能力、业主个人信用和资产状况，以打分卡方式进行量化判断。诸多小微企业凭借稳定的现金流、企业主足值的个人资产和良好的信用记录，获得了建设银行资金支持。

3. 推广“一圈一链一平台”营销模式，从散单经营向批量营销转变

小微企业数量庞大，传统一对一的单兵作战方式成本高、效率低。建设银行根据小微企业集群化发展的特征，建立了“一圈一链一平台”的批量营销模式，借助当地政府、行业协会、市场管理方、担保机构、保险公司，或者产业链中的核心企业的政策优势、信息优势、增信优势，锁定目标市场，批量筛选优质小微企业客户。

“一圈”是商业圈，包括专业市场、产业园区、超市、商业街等，建设银行对商圈内小微企业进行分层分类，为客户提供差异化的服务方案。“一链”是产业链，建设银行以核心企业为切入点，以真实交易数据为基础，批量获取上下游小微企业的采购和销售信息，为交易稳定的小微企业提供支持。“一平台”是与政府、保险公司、担保公司合作搭建的小微企业服务平台，利用合作平台的资金优势、信息优势、管理优势，为小微企业增信。

三、不断强化金融服务创新，形成了丰富的小微企业产品体系

建设银行始终坚持“以客户为中心”的理念，专注于为小微企业提供专业的金融服务方案，不遗余力地进行产品创新。针对处于不同生命周期阶段的小微企业，结合客户能够提供的风险缓释措施，为客户量身定制金融服务产品。目前，建设银行已形成了成长之路、速贷通、小额贷、信用贷四大产品体系，推出了40余项全行

性产品，区域性特色产品达到百余项，基本涵盖了小微企业各类融资需求。

1. 打造拳头产品，树立优质品牌

建设银行针对为企业信息充分、信用记录良好、持续发展能力较强的成长型小微企业，建设银行推出了“成长之路”产品，在对客户进行信用等级评定，并经授信后为客户提供金融支持的业务品牌。针对财务信息不充分，但能够足额有效的抵（质）押担保的小微企业，建设银行推出了“速贷通”产品，不对客户进行信用评级和一般额度授信，依据抵质押为客户提供信贷支持，很好地满足了客户快捷、便利的融资需求。“成长之路”和“速贷通”推广已有八年之久，多次荣获最佳方案、优秀品牌等奖项，目前已经成为建设银行的两大拳头产品。

2. 借助政府增信，研发“助保贷”产品

为破解小微企业融资缺信息、缺信用的难题，建设银行不断加强与政府合作，联合发挥银行和政府在信息、资源、管理等方面的优势，创新了“助保贷”业务模式，使小微企业在政府支持下获得增信，解决融资难题。“助保贷”自推出以来，深受小微企业欢迎，屡次获得银监会、各级政府和广大小微企业的好评，

3. 利用大数据技术，创新信用产品

建设银行利用大数据技术，基于客户的历史数据进行分析和挖掘，根据客户结算交易情况、信用记录、纳税记录、金融资产等方面情况，进一步对客户进行细分，针对客户不同特点，创新推出小额信用贷款产品。大数据产品获得了社会各界的高度认可，“善融贷”获得银监会“2013 年度小微企业金融服务银行特色产品”、《亚洲银行家》“2014 年度中国最佳小额信贷产品”称号，有力提升了我行小微金融企业服务影响力与品牌形象。

未来，建设银行将继续坚持以服务实体经济为核心，厚贷小微，普惠民生，缓解小微企业“融资难”，为打造中国经济升级版做出更大的贡献。

聚焦中小企业成长中的“烦恼”

数量庞大的中小企业不仅是国民经济增长的基石，也是经济结构调整的“加速器”。中小企业总会遇到这样或那样的“成长中的烦恼”：招工难、用工荒、生存环境困难、融资成本高、税费负担重、创新能力差成为阻碍中小企业发展的“绊脚石”，破解中小企业成长中新的烦恼，需要相应地从增强其体质和改善其成长环境中去寻找新的途径，更需要各方面的“暖手相扶和热心相助”。

一、先天条件不够足

中小企业数量庞大、与市场有着天然的联系、极富创新活力，但也存在着许多先天的不足，时间短，规模小，竞争力不强。在发展过程中极易受到各种各样的伤害，难以在竞争激烈、变化莫测的市场经济中顺利地展翅高飞。

中小企业致命的弱点首先表现在缺少核心竞争力。这里的核心竞争力可以是技术、产品或者服务的创新能力，它们是企业的生命力和根基。缺少核心竞争力的企业难以形成差别竞争，尤其经不起暴风雨的打击，2008 年金融危机以来很多企业倒闭破产，原因就在于此。其次，中小企业缺少长远规划，发展目标和方向不明确，对市场的预见不够准确。这就会导致中小企业盲目发展，浪费人财物等资源，适应力和竞争力薄弱，市场风险大，不利于长远发展。第三，缺少高素质人才。中小企业是创新的主体，但创新需要人才。我国人才结构矛盾突出，大企业吸收了大部分高素质人才，其中相当部分不能得到充分使用；相反，中小企业由于知识参与分配难以落实以及缺乏必要的社会保障机制，对人才的吸引力远不如大企业，员工整体素质较低，流动性大，导致内部创新能力弱化。第四，资金依然缺乏。企业进行项目研发、产品生产、经营管理、市场推广、销售等各个环节都需要资金支持，而中小企业作为“弱势群体”，自身资金实力有限，再加上融资渠道不畅通、融资条件和程序的束缚，导致中小企业很多项目无法顺利开展甚至难产或夭折，制约了企业的成长和社会经济的进步与发展。

以调研对象禅境科技股份有限公司为例，其凭借技术创新、产品创新等核心竞争力，在成立以来获得了长足的进步，并经受住了经济危机的考验。尽管如此，他们仍然遇到很多烦恼。比如人才缺乏、流动性大，使公司很多有创意的项目不能顺利、高效地展开，生产经营因连续性较差难以规范，管理因分工不明确出现混乱。品牌影响力、企业资质难以与同行业大企业相抗衡，比如赞华集团（控股）有限公司即使拥有优质的产品和解决方案，还是被目标客户所忽视，市场推广难度大，缺少外部资源的支持。虽然有很多针对中小企业的优惠政策和专项资金补助，但因操作落实力度不够，资质、资助等审批程序复杂，企业实际得到的支持有限，束缚着企业进一步发展壮大。

二、新老问题较集中

从初创起步到茁壮成长，创业者和广大中小企业好比刚孵化出的雏鸟，生命力脆弱，还要面临在外部严酷环境的考验。2014 年以来，国务院总理李克强多次主持召开国务院常务会议，其中 8 次提到要加大对中小微企业帮扶力度，鼓励其健康发展，积极为中小微企业成长创造良好氛围，完善市场化运行长效机制，破解创新型中小企业发展难题。在很大程度上将改善企业的外部困境，要真正实现中小企业的发展，必须继续全面深化改革，从改革中释放的动能吸取力量。我们欣喜地看到，作为解决中小企业融资难题重要手段的中小企业信用担保、再担保体系、国家创业投资基金也将得到进一步完善。在一系列政策刺激下，经济已经开始呈现企稳向好的态势，投资与消费需求劲头正在逐步显现，出口也出现了积极向好。这些无疑为中小企业的恢复与发展创造了较好的条件。但相对于自身实力弱的中小企业来说，在政策贯彻落实难、保护力度不够等问题没有解决的同时，新的问题和挑战还在不断出现，生存与发展的外部环境仍然比较严峻。

1. 用工难

随着“刘易斯拐点”的逐步到来，加薪和体面劳动的诉求增加，劳动力成本呈显著上升的趋势。改革开放以来，我国靠几乎具有无限供给力的廉价劳动力创造了举世闻名“中国奇迹”，而这一神话，似乎因近几年劳动力成本的不断上升而被打破。据中国劳动保障新闻网报道，浙江省四成企业已连续3年出现“招工难”。从行业看，招工困难企业主要集中在劳动密集型的纺织业、鞋帽制造业、机械工业，以及有一定技术要求的通信设备、计算机及其他电子产品制造业，这些行业有招工困难的企业占比均超过50%。从企业外向度看，出口型企业招工困难的比例达44.3%，高于内销型企业9.9个百分点。因招不到工人而对生产经营造成损失的企业占84.8%，其中造成较大损失的企业占26.1%。从范围上看，过去的“用工荒”通常只出现于劳动密集型产业聚集的沿海省份，而现在正向中西部省份扩散，一些传统劳务输出大省也出现了用工短缺现象。同时，新生代农民工成为农民工群体的主体，他们对工作环境、福利待遇、发展机会、城市生活成本上升、员工维权意识不断提高，以及文化生活等有着更高的要求。调查表明，近年来企业用工成本每年以20%～30%的速度在提升。企业普遍面临着招工难、用工贵和留不住的问题。再加上资金、土地、原材料、环境保护和节能减排的压力，企业运营成本还会水涨船高，生存与发展空间受到制约。

2. 税负重

当前，中小企业需要缴纳的税收种类包括所得税、增值税、营业税、流转税附加、印花税、契税等在内的20多种。我会调研中发现，就增值税而言，中小企业基本属于小规模纳税人。尽管小规模纳税人的增值税征收率统一为3%，比之前的15%、17%少了很多，但小规模纳税人的进项税额不能抵扣，从而导致其实际税负要高于一般纳税人。调研中，天津东方大智机械制造有限公司财务负责人反映，国家和地区目前对高新技术企业有税收政策优惠，他们的科研经费可以纳入抵扣。尽管两国间已签有贸易合作备忘，但该企业在与某国企业开展技术交流合作时，技术合作等非贸易付汇的所得税实际操作中无法抵扣，在源泉扣缴时会造成不必要的税收负担。此外，中小企业的企业所得税率较高。《企业所得税法》规定，居民企业所得税的税率为25%。年度应纳税所得额不超过30万元、从业人数不超过100人、资产总额不超过3000万元的工业企业或年度应纳税所得额不超过30万元、从业人数不超过80人、资产总额不超过1000万元的其他企业属于“中小型微利企业”，其所得税率为20%。但在实际情况中，许多部分中小企业达不到这个标准，因此几乎无法享受20%的所得税税率。我们希望，应借助“营改增”这一“十二五”期间最重要的税制改革尽可能降低中小企业的流转税负，这对促进中小企业的成长将是一大助力。

当然，除了缴纳税款，中小企业还要承担教育附加费、水资源费、残疾人就业金，以及工商、环保、卫生、质监、公安等部门征收的行政性收费。尤其是在当前，一些地方政府为了防止财政收入下滑，不断征过头税，大大加重了企业负担。有几种表现需要引起高度重视：一是“挖地三尺”，稽核历史旧账，收“漏税”；二是“寅吃卯粮”，把来年甚至以后几年的税提前征收，收“预缴税”；三是提高税率或收费标准，突击征税；四是取消一些企业的税收优惠资格，甚至把已倒闭企业的税款转嫁到尚在盈利的企业身上；五是巧立名目，滥收税费，一些地方甚至强制征收国家已明令取消的费用。要生存下去，对于小企业而言，在国民财富的大蛋糕中，在利润空间很低的情况下，只能从税收中逃一点，从员工那里压榨一点，真是用“低法治”优势、“低环境”优势等制度禀赋生存。

3. 融资难

受多重压力影响，传统行业普遍面临需求不足、产能过剩的困局，融资难、融资贵，成为制约企业发展的老大难。从中小企业自身来看，还存在着规模较小、变化大、风险高、自我约束能力弱的问题。从银行方面来看，还存在着于银行追求收益最大化使中小企业融资困难。从政府方面来看，还存在着支持力度薄弱。因此，缓解中小企业融资难就成了一个综合性的社会工程。在这项工程中，银行、政府、各类投资者以及中小企业自身都应是积极的参与者。当然，要想彻底解决中小企业融资难的问题，企业要完善好自身的信用问题，提升企业价值，增强质量意识。另外，解决小微企业融资难问题需要切实落实目前已经出台的各项政策，特别是要发展村镇银行和小额贷款机构，允许地下钱庄等民间金融合法化。现在的政策方向是要建立小银行、村镇银行、小额贷款公司，允许民营资本进入，让它们解决小企业的贷款问题，同时给予放宽政策，实行差异化管理，比如降低准备金率、放宽呆坏账核销的范围，在营业税和各种费用方面给予优惠等。还有就是引入信用保证保险，增大小微企业的信用，有利于企业获得融资。在许多发达国家，如日本、美国都是通过政府支持下的金融机构间接融资，以及信用担保、信用保险系统的共同参与，来解决小微企业融资难问题的。而目前我国信用保证保险发展中还存在不少问题，包括社会信用体系不健全、政府政策支持乏力、保险企业介入意愿不强、专业人才缺乏等。

4. 环境差

中小企业做实业的环境越来越差，在通胀的环境下，人力成本、原材料成本的上涨导致中小企业的负担很重，再加上各种各样的收费，大幅度压缩了中小企业的利润空间。在做实业困难的情况下，中小企业将获得的民间借贷资金要么投入房地产，要么从事高利贷，玩击鼓传花的财富赌博游戏，产业空心化和投资炒作成了悬在中小企业头上的达摩克利斯之剑。这样，中小企业目前面临的是一个难以自圆其说的“环境”：对内，宏观税负高，企业负担沉重；对外，在整个产业链上，中国企业处于产业链的最低端，利润空间日益被压缩。

三、助力加油谋发展

“雏鸟”要飞翔，要飞得高，要飞得远，需要有坚硬的翅膀和辽阔的天空。同样，中小企业在发展过程中，首先要学着自己长大，在磨难中不断吸收营养，提高自身的素质，自己要有“今天你对我爱搭不理，明天让你高攀不起”的雄心壮志。为此，中小企业首先要以市场为导向，依据国家战略性新兴产业发展方向制定长远的发展目标和规划，努力培养企业的核心竞争力。这种核心竞争力可以通过自主创新，向目标客户群提供差异化产品或服务体系来实现；也可以在自主创新能力不足的情况下，通过模仿、消化和再创新来培育。其次，中小企业要不断增加人力资本的投入，在招贤纳士上下功夫，吸引高素质人才；制定合理的激励政策，留住人才，尽量避免人员调动频繁而导致工作难以连续进行的现象。鼓励员工参与专业培训，提高员工的素质，提升管理者的领导水平和驾驭市场能力。第三，在经营管理模式上，中小企业尤其要善于利用电子商务实行定制化生产和柔性化管理，以降低交易成本、扩大市场，把更多的精力放在产品的服务、品牌和创新上，实现企业的转型与升级。

基于中小企业在促进经济增长与技术创新、创造就业与税收、扩大出口等方面的重要作用，政府理应加大“帮扶”和服务的力度，为中小企业发展创造良好的外部环境。在中小企业遭遇困难的特殊时期，政府应为它们提供临时的“避风港”，帮助它们度过危机。尤其要加强对中小企业的长期管理，建立促进中小企业持续发展的长效机制。各级政府和金融机构应认真贯彻落实党中央、国务院有利于中小企业发展的各项优惠政策，建立和完善为中小企业提供便捷、高效、稳定、持续的公共信息、技术服务体系和贸易网络平台，想方设法帮助企业对冲和缓解主要要素成本上升的压力；打破垄断，切实鼓励民间资本扩大投资领域，维持公平有序的市场竞争秩序等。

我们衷心地企望，就像李克强总理2014年9月11日在天津调研结束后鼓励大家说：“我们将进一步降低小微企业税费负担，各级政府都要帮助草根创业者解决融资难、融资贵和开拓市场等‘成长中的烦恼’，让小微企业展示大作为、实现大发展，带动更多人创业就业。”